어린이
설교
바이블

어린이 설교 바이블

저자 김정훈

초판 1쇄 발행 2021. 1. 7.
개정판 1쇄 발행 2025. 6. 23.

발행처 도서출판 브니엘
발행인 권혁선

책임교정 조은경
책임영업 기태훈
책임편집 브니엘 디자인실

등록번호 서울 제2006-50호
등록일자 2006. 9. 11.
서울특별시 송파구 백제고분로28길 25 B101호 (05590)
마케팅부 02)421-3436
편 집 부 02)421-3487
팩시밀리 02)421-3438

ISBN 979-11-93092-41-5 03230

독자의견 02)421-3487
이 메 일 editorkhs@empal.com

북카페주소 cafe.naver.com/penielpub.cafe
인스타그램 @peniel_books

이 책은 저작권법에 따라 보호받는 저작물이므로 무단전제 및 무단복제를 금합니다.
이 책의 전부 또는 일부를 이용하려면 반드시 사전에 저작권자와 도서출판 브니엘의 동의를 받아야 합니다.

도서출판 브니엘은 독자들의 원고를 설레는 마음으로 기다리고 있습니다.
위의 이메일로 간단한 기획 내용 및 원고, 연락처 등을 보내주십시오.

도서출판 브니엘은 갓구운 빵처럼 항상 신선한 책만을 고집합니다.

아이들을 감동시키는 어린이 설교의 모든 것

어린이 설교 바이블

김정훈 | 지음

추천의 글

　세상을 변화시킬 수 있는 두 개의 큰 에너지가 있다. 첫째는 살아계신 예수님이다. 온 우주 만물이 그 손에 의해 만들어졌고 유지되고 있다. 둘째는 어린이들이다. 이들 속에 우리의 내일이 들어 있다. 하나님의 말씀은 이 엄청난 두 에너지를 융합하는 성령의 방편이다. 그러나 하나님의 말씀에 물을 타지 않으면서도 어린이의 눈높이에 맞추어 전달하는 일은 결코 쉬운 일이 아니다.

　이 책은 저자가 수년간 사역의 현장에서 하나님을 사랑하고, 하나님의 말씀을 사랑하며, 하나님의 어린 백성들을 사랑하는 마음으로 전달한 메시지들이다. 이 메시지들은 우리가 어린이들에게 심어 주어야 할 '내용'일 뿐 아니라 어린이들에게 말씀을 바르게 전달하는 '방법'을 배울 수 있는 좋은 본보기가 된다. 이 책으로 말미암아 모양이 반듯하고 색깔이 분명하며 맛이 선명한 그리스도의 작은 제자가 많이 세워지길 바란다.

양승헌 목사 _ 세대로교회 원로목사, 전 파이디온선교회 대표 어린이들이 설교를 열심히 듣느냐, 들으면 어떤 내용의 설교를 듣느냐 하는 사실은 어린이들이 믿음과 직결된다. 이때 설교를 '어떻게 듣게 하느냐'는 흥미의 영역이다. 또한 '어떤 내용의 설교를 듣게 하느냐'는 복음의 영역이다. 흥미는 포장지가 되고 복음은 내용물이 된다. 어린이 설교에는 '흥미'와 '복음'이라는 두 마리의 토끼가 있어야 한다.

저자의 설교 특징은 단순한 성경 동화나 성경 이야기로 끝나지 않고, 설교 주제가 분명하고 본문 해석과 적용이 들어 있는 설교이다. 그야말로 흥미와 내용, 두 마리의 토끼를 잡을 수 있는 좋은 설교이다. 어린이 설교에서 어린이가 흥미가 없다고 설교를 외면하거나, 들어도 복음이 없는 내용을 듣게 한다면 그것은 직무유기이다. 이야기식 설교 형식을 활용한 저자의 어린이 설교집은 교역자와 교사들에게 좋은 선물이 되고, 어린이 성도들의 영혼을 성장하게 할 하늘의 양식이 될 것이다.

강정훈 목사 _ 늘빛교회 원로목사, 전 교사의 벗 발행인

믿음은 들음에서 나는 것이기에 설교는 어른뿐 아니라 어린이들에게 매우 중요하다. 어린 영혼의 믿음을 위해서 설교가 절대적이라 할 수 있다. 그런데 어린이 설교를 제대로 배워서 하는 사역자는 드물다. 제대로 가르쳐주는 기관도 드물고 신학교 수업도 거의 없는 형국이다. 이런 상황에서 저자의 책은 어린이 설교자들에게 단

비와 같은 책이다.

　우선은 이론적으로 어린이 설교에 대해서 '왜' '누가' '무엇을' '어떻게'를 간단하면서 핵심적으로 잘 짚어주었다. 따라서 어린이 설교 준비에 대한 기반을 잘 닦을 수 있다. 그뿐만 아니라 직접 현장에서 설교했던 원고들을 공유하면서 구체적으로 상황에 맞게 설교하는 노하우를 보여주고 있다. 잘 모를 때는 잘하는 사람의 모습을 보고 따라하면 된다. 이런 면에서 저자의 책은 어린이 설교 준비에 어려워하는 사역자, 또한 주일학교 교사들에게 큰 도움이 될 것으로 의심치 않는다.

이정현 목사 _ 청암교회 담임목사, 개신대학원대학교 기독교교육학 겸임교수

　이 책은 세상에서 가장 값진 선물인 복음을 현대 어린이들이 감동할 수 있는 포장지에 전달할 수 있는 방법을 소개하고 있다. 인물, 절기, 주제별 설교를 중심으로 다양하고 창의적인 접근을 통해 급변하는 어린이들에게 변하지 않는 복음을 제시하는 방법을 소개한다. 이 책을 읽으면서 저자의 다음세대 사역자들을 돕고 싶은 사랑을 느낄 수 있었다. 무엇보다 현장에서 탄생한 책이기에 독자들은 읽고 바로 사용해도 눈부신 열매를 맺을 만큼 실제적이다.

　한국교회의 미래는 주일학교에 달렸다는 말은 조금도 과장이 아니다. 어두워가는 주일학교에 진정한 회복과 부흥의 빛을 밝힐 수 있는 유일한 길은 다음세대의 심장에 예수 그리스도의 말씀을 심는

것이다. 이런 소원을 가진 어린이 사역자들에게 이 책이 깊은 목마름을 해갈해 줄 것으로 믿고 기쁜 마음으로 추천한다.

이돈하 목사 _ 오레곤벧엘교회 담임목사, 트리니티복음주의신학교 기독교교육학 박사

다음세대 신앙 전수를 향한 강력한 현장 중의 하나는 하나님의 말씀이 아이들에게 선포되는 어린이 설교 현장이다. 어린이에게 이야기라는 통로는 학습과 반추, 배움과 탐구가 된다. 이야기 설교를 통하여 하나님 나라 복음의 메가 스토리를 강력하게 전하기 위해 어린이 사역자에게 우선적인 역량이 요구된다.

김정훈 목사의 이 책은 바로 이런 부르심 앞에 선 어린이 사역의 교역자, 교사, 부모 모두에게 친절하고도 통찰력 있는 길잡이가 될 것으로 믿는다. 다음세대 사역자들에게 도움이 되는 좋은 책으로 쓰임 받기를 기도한다.

신형섭 교수 _ 장로회신학대학교 기독교교육과 교수

이야기는 하나님과 예수님께서 가장 즐겨 사용하신 소통방식이다. 성경 전체가 하나의 이야기로 이어지고, 각각의 이야기는 청중을 성경 속으로 초대하여 하나님 나라를 꿈꾸며, 하나님 나라 백성다움을 형성해 나가도록 하기 때문이다. 위기의 한국교회의 다음세대가 다시 일어서기 위해서는 그들에게 어릴 적부터 성경 이야기가 자기 삶의 이야기로 엮이는 설교가 전해져야 한다. 이 책이 그것을

제대로 돕고 있다.

　이 책은 어린이를 향한 설교 이론이 사역현장의 검증을 거쳐서 인물, 절기, 주제별 등 다양한 접근에 실천적 지혜를 제공한다. 설교로 다음세대를 섬기는 사역자는 물론이고, 하나님의 이야기 안에서 우리 자녀들이 성장하고 성숙해가기를 바라는 부모님과 선생님들에게도 일독을 권한다.

김대혁 교수 _ 총신대학교 신학대학원 설교학 교수

　어린이들은 어떤 면에서 설교하기가 가장 어려운 대상이다. 어린이 설교는 본문 말씀을 충분히 드러내면서도 간결하고 명확해야 하고, 또 쉬우면서도 재미있어야 하는 어려운 작업이기 때문이다. 하지만 이런 어려운 작업이 사역의 초보자들에게 맡겨지는 경우가 많다. 더 안타까운 것은 좋은 어린이 설교의 모델을 만나기 어렵다는 데 있다.

　이런 상황에서 본서는 어린이 설교를 감당해야 하는 사람들에게 좋은 안내서이다. 설교문을 읽으면서 현장에서 설교하는 저자의 모습이 머릿속에 그려졌다. 그만큼 책에 담겨 있는 설교는 문자에 머무르지 않고 살아 움직이고 있다. 이 책을 통해서 많은 사역자가 어린이 설교에 큰 도움을 받으리라 기대한다.

이승우 교수 _ 대신대학교 신학대학원 설교학 교수

프롤로그
말씀으로 다음세대를 세우라

"♪ 나는야 주의 어린이. 주의 사랑으로 자라가요.
나는야 주의 어린이. 주의 말씀 안에 자라가요.
예수님처럼 기도하고, 예수님처럼 섬기며,
믿음으로 자라가요. 나는야 주의 어린이."

이 찬양을 부르면 동심으로 돌아가는 것 같습니다. 어린이 사역을 할 때 많이 불렀던 찬양입니다. 지난 시간 함께했던 주일학교 학생들, 선생님들이 눈에 떠올랐습니다.

신학교에 들어가고 교육전도사가 되면서 어린이 부서를 맡아 섬기게 되었습니다. 매주 200여 명의 소중한 어린이들과 50여 명의 귀한 선생님들과 울고 웃으며 행복을 느꼈습니다. 어린이들을 섬기면서 오히려 제가 목회자로, 설교자로 만들어지고 변화되는 축복의 시간이었습니다.

다음세대가 다른 세대로 흘러가고 있다는 안타까운 이야기를 듣고 있습니다. 이미 다음세대가 다른 세대가 되었다는 위기감을 느끼게 됩니다. 교회마다 주일학교 학생들이 사라지고 있는 실정입니다. 코로나 팬데믹 이후. 다음세대 신앙교육의 위기현상은 더욱 가속화되고 있습니다. 하지만 어려운 현실은 인정하되 지나치게 비관하지 말아야 하겠습니다. 어린이들이 없다고, 어린이들이 오지 않는다고, 어린이들이 변했다고 한탄만 해서도 안 됩니다. 기도하고 고민하며 길을 찾아야 합니다. 믿음으로 도전해야 합니다. 다음세대를 결코 포기할 수 없습니다.

변하는 세상 속에서, 변하지 않는 생명의 말씀을 어떻게 전할까 고민해야 합니다. 어린이들이 몰려오도록 환경을 만들고, 예배를 살리며, 설교가 달라져야 합니다. 우리의 어린 자녀를 하나님의 사람으로 온전하게 하여 이 세상에서 믿음의 실력이 있는 사람으로 양육해야 합니다.

저는 어린이 전문사역자가 아닙니다. 이 책의 제목이 '어린이 설교 바이블'이라고 해서 어린이 설교에 대한 대단한 권위와 무게를 가지고 있지 않습니다. 하지만 책상이 아니라 현장에서 집필되어 어린이 설교를 위해서 실제적으로 사용할 수 있는 책입니다. 이 책이 어린이 설교를 소개하는 '또 하나의 책'이 아니라 어린이 사역자들에게 '꼭 필요한 책'이 되었으면 하는 바람을 가져봅니다. 무엇보다 어린이 설교를 처음 배우고 시작하는 사역의 초년병들에게 도움이 되기를 기대합니다.

어린이 설교자는 어떤 설교자가 되어야 할까요? 성경 본문의 의미를 잘 밝히면서, 동시에 어린이의 귀에 들리는 설교, 감동을 주는 설교, 어린이를 끌어당기는 설교를 해야 합니다. 어린이 설교자는 설교를 위해 노력하고 수고하는 것과 더불어 성령님의 역사가 있도록 기도해야 합니다.

일주일에 한 번 드려지는 어린이 예배만큼이라도 어린이에게 은혜와 감동과 도전이 있어야 하지 않을까 생각합니다. 어린이 설교가 어린이의 영혼을 터치해서 전인격 변화를 가져오길 기대합니다. 주일에 듣는 20분이 채 안 되는 설교로 한 주간을 버텨야 하는 현실이 오늘날 어린이 신앙의 현주소이기 때문입니다.

그러므로 이제는 교회만이 아니라 가정에서 부모가 어린이 신앙교육의 책임자가 되는 것이 매우 중요하게 되었습니다. 부모가 곧 좋은 교사가 되어야 합니다. 다음세대를 세우기 위해 교회와 가정이 손을 잡고 적극 협력해야 합니다. 가정에서 부모들이 신앙교육을 할 때 자녀와 함께 이 책을 읽으면서 나눔을 하면 좋겠습니다. 어린이 예배의 현장이든 가정 예배이든 간에 어린이들에게 들려지는 설교 말씀으로 생명의 역사가 일어나기를 소망합니다.

저의 현장 경험상 어린이 설교는 본문 내용을 중심으로 해석과 적용을 하면서 이야기식 설교(Narrative Preaching)를 하는 것이 효과적이라는 사실을 알게 되었습니다. 이 책은 23편의 설교 원고를 담고 있는데, '성경인물' 설교, '교회절기' 설교, '성경주제' 설교의 방식을 소개합니다. 실제 현장에서 사용된 생생하고 현장감이 있는 설교입니다. 원고 그대로 사용해도 큰 무리가 없을 것입니다. 설교자의 판단에 따라, 미취학 어린이를 대상으로 설교할 때는 원고 내용을 줄여서 사용하면 됩니다. 또한 고학년 취학 어린이를 대상으로 설교할 때는 적용 부분을 추가해서 설교를 진행하면 됩니다.

가정에서 신앙교육이 절대적으로 중요한 시대가 되었습니다. 그럼에도 함께 모여 드리는 어린이 공적 예배를 소홀히 하거나 포기할 수 없습니다. 어린이 설교를 가볍게 생각하지 말아야 합니다. 어린이 역시 장년처럼 예배에서 말씀을 통하여 은혜를 받아야 합니다. 성경을 재미있고 의미있게 배워야 합니다. 설교 가운데 하나님의 임재를 경험해야 합니다.

저는 부족하지만 성경적 설교, 영양가 있는 설교, 의미와 재미가 있는 설교, 하나님께 집중하면서 어린이들의 시선을 끄는 매력적인 설교를 추구하고자 하였습니다. 어린이 설교가 살아야 다음세대가 살게 됩니다. 말씀으로 다음세대를 세워야 합니다. 한국교회의 생명의 불씨는 하나님의 말씀에 붙들린 다음세대에 달려 있습니다.

책을 내면서 감사의 인사를 드리고 싶습니다. 이 책은 저의 두 번째 책입니다. 첫 번째는 설교 예화에 대한 논문을 풀어서 쓴 책입니다. 두 번째 책 역시 제가 현장에서 사용했던 어린이 설교 원고가 책으로 빛을 발하게 되었습니다.

과분한 추천사를 써주신 어린이 목회와 설교에 있어서 전문가이신 목사님들과 교수님들께 존경을 담아 감사의 인사를 드립니다. 기도와 사랑으로 목회와 삶의 동반자가 되어주는 아내에게 감사를 전합니다. 이름을 다 언급하지 못하지만 저를 위해 기도해주시는 가족들, 목사님들, 성도님들, 친구들에게 마음담아 감사를 전합니다. 딸 라희와 아들 희람이에게 이 책을 선물로 주고 싶습니다.

주일학교와 가정의 현장에서 다음세대를 위하여 고군분투하시는 교역자와 선생님들, 그리고 부모님들께 응원의 박수를 보냅니다. 이 부족한 책이 어린이 설교자 및 다음세대 사역자들에게 작은 도움이 되기를 기도하며 글을 마칩니다. Soli Deo Gloria!

글쓴이 김정훈

C·O·N·T·E·N·T·S
차례

추천의 글 • 004
프롤로그 _ 말씀으로 다음세대를 세우라 • 009

| SECTION 1 | 어린이 설교 _ 이렇게 준비하라

1. '왜' 어린이 설교를 해야 할까 • 021
2. '누가' 어린이 설교자인가 • 027
3. '무엇을' 설교할 것인가 • 033
4. '어떻게' 설교할 것인가 • 039

| SECTION 2 | 어린이 설교의 실제 I _ 성경인물 설교

1. 노아 : 제일 먼저 하나님을 생각해요! • 057
2. 다윗 : 승리의 하나님, 나의 하나님 • 066
3. 솔로몬 : 하나님 마음에 딱 맞는 사람 • 076
4. 요나 : 나 한 사람 때문에 • 084
5. 베드로 : 말씀의 능력을 믿는 어린이 • 093

| SECTION 3 | 어린이 설교의 실제 Ⅱ _ 교회절기 설교

1. **친구 초청주일** : 천국 KTX를 타세요! • 105
2. **고난주간** : 예수님이 십자가에서 하신 일을 기억해요 • 113
3. **어버이주일** : 부모님을 기쁘게 하는 어린이 • 122
4. **추수감사절** : 감사의 습관을 가져요 • 130
5. **성탄절** : 예수님께 드릴 선물을 준비했나요? • 140

| SECTION 4 | 어린이 설교의 실제 Ⅲ _ 성경주제 설교

1. **기도** : 나도 기도할 수 있어요 • 153
2. **십자가** : 믿음의 눈으로 십자가를 바라보아요! • 162
3. **교만** : 교만하면 큰일 나요! • 170
4. **용서** : 친구가 미워질 때 어떻게 할까요? • 178
5. **섬김** : 으뜸이가 되고 싶어요! • 186
6. **능력** : 예수님의 이름에는 능력이 있습니다 • 193
7. **회개** : 회개하면 회복되어요 • 200
8. **믿음** : 그들은 우리의 밥이죠! • 208

▶ **특별수록** : 꼭 필요한 설교 5편 • 221

SECTION 1

어린이 설교,
이렇게 준비하라

• • • • •

S·E·C·T·I·O·N·1
어린이 설교 이렇게 하라

이 책을 읽는 사람 중에 매주 어린이 설교를 감당하는 사역자들이 있을 것이다. 어린이 설교를 어떻게 하고 있는가? 어린이 설교자로 부르심을 받았다면 어떻게 시작하는 것이 좋을까? 어린이 설교를 맡게 되었다고 해서 무턱대고 설교하거나, 준비 없이 강단에 올라가지 말아야 한다. 어린이 설교에 대한 이해와 현장 경험이 균형 잡혀 있다면 좋은 설교자가 되어 교회와 어린이에게 유익을 줄 것이다. 어린이 설교에 대해 4가지 질문을 던지고, 그에 대한 답을 통해 어린이 설교를 이해하고자 한다. 그 4가지 질문은 다음과 같다.

첫째, '왜' 어린이 설교를 해야 하는가? 어린이 설교의 중요성과 설교의 목적에 관한 질문이다.
둘째, '누가' 어린이 설교자인가? 어린이 설교자는 어떤 자질이 필요한지 설교자의 정체성에 관한 질문이다.

셋째, '무엇을' 설교할 것인가? 어린이 설교에는 어떤 것이 포함되어야 하는지 설교 내용에 대한 질문이다.

넷째, '어떻게' 설교할 것인가? 어린이 설교의 방법론에 대한 질문이다.

이 4가지 질문을 던지고 답을 찾으면서 어린이 설교의 이해와 실제에 한 걸음 다가가고자 한다.

>>> Chapter_1

Why sermon

'왜' 어린이 설교를 해야 할까

어떤 일을 할 때 아무 생각 없이 하지 말고, '왜?'라고 질문하면서 그 일의 가치와 의미를 발견할 필요가 있다. 어린이 설교에 앞서 우리는 어린이 설교를 왜 해야 하는지 물어야 한다. 설교자로 부르심을 받은 우리는 어린이 설교의 가치와 의미를 알고 있는가? 어린이 설교의 목적은 무엇인가? 이런 고민이 없다면 매주 다가오는 예배에서 형식적으로 설교하게 된다. 또한 어린이 부서를 그저 거쳐 가는 과정이나 장년사역으로 건너가는 발판으로 쉽게 생각할 수도 있다. 그렇다면 어떤 동기와 목적을 가지고 설교에 임해야 할까? 어린이 설교의 중요성을 어떻게 설명할 수 있을까?

교회의 본질적 사명을
감당하는 사역이다

하나님은 교회를 통해 자신의 뜻을 펼치신다. 교회의 여러 가지 사명 중에서 본질적 사명이 무엇일까? 말씀으로 한 영혼을 하나님의 사람으로 세우는 것이다. 장년이든, 어린이든 상관없이 전 연령층에 해당하는 사실이다. 어린이 설교는 교회의 본질적 사명을 감당하는 중요한 사역이다.

어린이 사역의 무게감이 얼마나 대단한가? 하나님은 부족한 설교자의 입에서 나오는 말씀을 통해 어린이의 영혼이 구원받기 원하신다. 또한 하나님의 성숙한 자녀와 일꾼으로 살아가기를 바라신다. 어린이 설교자는 어린이가 어떤 존재인지, 어린이 설교가 얼마나 중요한지를 인식하고 현장에 서야 한다. 어린이 설교자는 태도가 달라야 한다.

어린이 설교의 목적이 무엇일까? 단순히 교회에 잘 다니는 어린이 성도를 만들기 위해 설교하는 것이 아니다. 하나님의 자녀로 거듭나서 세상을 변화시키는 하나님 나라의 일꾼이 되게 하려는 목적을 가진다. 그러므로 예배 가운데 어린이 설교를 통해 하나님과의 만남을 경험하도록 하는 것이 중요하다. 예수님을 구주로 영접하고 말씀과 기도로 신앙의 기초와 뿌리를 튼튼히 해야 한다. 나아가 가정과 학교와 이 세상에서 하나님의 영광을 드러내고 제자의 삶을 살도록 하는 것이 설교의 목적이다.

    어린이 설교자는 교회의 본질적 사명을 수행한다는 진중함으로 사역해야 한다. 설교의 현장에 설 때마다 하나님이 맡기신 교회의 본질적 사명을 이루어간다는 무게감으로 임해야 한다.

전인격 성장을 가져오는 특별한 사역이다

    부모와 교사는 어린이의 성장에 관심을 두어야 한다. 성장이 왜 중요한가? 어린이가 아무리 귀엽고 사랑스러워도 자라지 않고 성장을 멈추어버린다면 그것은 비극이고 안타까운 일이다. 어린이의 지적, 신체적, 사회적 성장 등 여러 영역의 성장이 중요하지만 무엇보다 어린이의 영적 성장을 잘 살펴야 한다. 어린이가 예수님을 구원자로 믿고 하나님의 자녀답게 살아가도록 양육해야 한다. 그러므로 어린이 설교는 어린이의 영적 성장을 포함해 전인격적 성장을 가져오는 특별한 도구이다. 하나님 말씀의 선포인 설교는 어린이 사역에 있어서 가장 핵심적이라 말할 수 있다. 어린이를 변화시키는 참된 생명력은 하나님의 말씀에 있다. 믿음은 들음에서 생겨난다.

    어린이를 기쁘게 하려는 마음에서 화려한 영상을 보여주고 게임을 하고 간식을 많이 준다고 어린이가 영적으로 성장하는 것이 아니다. 이것은 접촉점이다. 어린이가 예배에서 어떤 말씀을 듣고 자라느냐에 따라 영적 성장의 질이 달라진다. 어린이 사역에 있어서 예배의 중요성을 강조하고 싶다. 어린이가 단순히 교회 다니고 교리를 공부하는 것이 중요한 일이 아니다. 물론 교리도 필요하다. 하지만 예배라는 환경 속에서 하나님을 만나도록 하는 것이 기독교 교육의 본질이 아닐까 생각한다.

예배 가운데 말씀을 들으면서 하나님을 알아가는 경험이 있어야 한다. 복음의 말씀을 통해 구원받고, 하나님의 사람으로 변화되게 하는 것이 어린이 사역의 핵심이다. 이것은 교회에서든, 가정에서든 같이 적용된다.

준비가 잘된 좋은 어린이 설교는 영적 성장만이 아니라 어린이에게 필요한 인격의 성장, 사회적 관계의 성장, 실력의 성장, 성품의 변화에도 영향을 준다. 어린이도 말씀을 듣고 은혜를 받아야 한다. 좋은 설교를 듣고 성장하도록 도와주어야 한다.

다음세대에 영향을 주는 긴박한 사역이다

지금은 치열한 영적 전쟁의 시대이다. 어린이들은 비성

경적인 세계관과 죄악의 가치관에 물들어가고 있다. 게임이나 미디어에 빠져 어린이의 영혼은 병들어간다. 마귀는 우리 자녀의 영혼을 공격하고 유혹한다. 다음세대를 살려야 한다. 다음세대가 다른 세대가 되지 않도록 영적 긴박감을 가져야 한다.

어린이 설교의 중요성을 생각하면서 어린이가 어떤 존재인지 인식해야 한다. 어린이는 하나님의 형상대로 창조된 소중한 존재이다. 사랑받아야 하고 존귀하게 여김받아야 한다. 동시에 어린이는 죄인이다. 어린이도 죄가 있다. 잘못된 습관이 있다. 지혜로운 훈육이 필요하다. 어린이도 예수 그리스도의 피로 구원받고 새로운 피조물로 거듭나야 한다.

어린이는 무한한 가능성이 있는 하나님 나라의 일꾼이다. 부모와 교사, 교역자가 어린이를 어떻게 바라보고 이끌어주느냐에 따라 어린이의 현재 인생뿐만 아니라 미래, 더 나아가 한국교회의 미래에 영향을 주게 된다. 어린이 설교는 다음세대에 영향을 주고 변화를 가져오는 긴박한 사역이다. 지금 현재의 어린이 사역은 미래의 다음세대와 연결된다.

어린이 설교자는 미래를 볼 수 있는 눈이 열려야 한다. 어린이의 실존적 모습을 보고 단정 짓지 말아야 한다. "너는 그것밖에 안 돼. 너는 할 수 없어. 너는 그게 문제야"가 아니다. 어린이의 현재와 미래에 변화될 모습, 그리고 세상 속에서 빛과 소금으로 살아갈 모습을 믿음으로 그려보고 말씀을 선포해야 한다.

어린이 사역과 어린이 설교의 위치를 가볍게 여겨서는 안 된다. 어린이를 믿음으로 세우고 한국교회와 하나님 나라를 세우는 놀라운 일이다. 설교자 자신에게도 무한 보람이 있다. 다음세대의 위기 가운데 어린이 설교를 통해 주일학교 강단이 새롭게 되는 기회가 되기를 소망한다.

정리하면 어린이 설교는 교회의 본질적 사명을 감당하는 사역이다. 어린이의 전인격 성장을 가져온다. 오늘과 미래의 다음세대에 영향을 준다. 하나님께서 어린이 설교를 통해 이루실 일을 기대하고 꿈꾼다. 어린이 설교자여! 어린이 설교에 앞서 어린이 설교의 목적과 중요성을 다시금 점검하자.

>>> Chapter_2

Who
sermon

'누가'
어린이 설교자인가

교육전도사로 임명받고 어린이 설교를 처음 하던 날이 기억난다. 이전에 주일학교 교사로서 오랫동안 어린이를 가르치고 지도했지만 교역자가 되어 처음으로 어린이와 교사들 앞에서 설교했던 시간이었다. 그때의 떨림과 흥분이 지금까지 생생하다.

신학교에 입학하고 어린이 부서를 맡게 된 교육전도사이면 어린이 설교를 할 수 있을까? 어린이 설교는 누구나 할 수 있지만 사실 아무나 할 수 있는 것이 아니다. 그렇다면 어린이 설교는 누가 할 수 있을까? 어린이 설교자는 어떤 자질이 필요할까?

어린이 설교자는
정체성이 분명하다

어린이 설교자는 하나님을 알고, 설교자 자신을 알고, 어린이를 알아야 한다. 설교자는 눈에 보이는 어린이 청중을 위해서 눈에 보이지 않는 하나님 앞에서 설교하는 존재이다. 설교자는 먼저 자신이 하나님의 은혜로 구원받아 하나님의 자녀가 되고 설교자가 되었다는 감격이 있어야 한다. 하나님은 복음을 전하는 데 거듭난 자를 사용하신다. 어린이 설교자는 구원받지 못한 어린이를 향한 하나님 아버지의 애끓는 마음을 갖고 있다.

설교자는 하나님이 자신을 부르셨다는 정체성이 분명해야 한다. 물론 교회가 세우고 담임목사가 어린이 부서의 설교자로 임명한다. 사역자는 교회와 담임목사의 권위를 인정하는 겸손함이 필요하다. 그러나 사람에게 인정받기 전에 하나님이 나를 부르시고 설교자로 세워주셨다는 소명감이 분명해야 한다.

정체성이 왜 중요할까? 부르심에 대한 확신이 부족하면 설교자가 흔들리기 때문이다. 어린이 사역과 설교는 절대 쉬운 일이 아니다. 설교자는 자신을 하나님이 부르셨다고 자부해야 한다. 동시에 하나님이 도와주시지 않고 성령님께서 함께하시지 않으면 아무것도 할 수 없다는 태도가 필요하다. 그래서 설교자는 기도하는 사람이다. 기도를 통해 하나님을 의지하면서 설교사역을 감당하는 것이다.

설교자는 하나님을 기쁘시게 하려고 설교한다는 목적이 분명해야 한다. 다수히 어린이를 기쁘게 하고 만족시키기 위해 설교하는 것이 아니다. 어린이 앞에서 설교하지만 진짜 청중은 하나님이시다. 설교자는 하나님께서 고귀하고 위대한 사명을 주신 것을 잊지 말아야 한다. 어린이 설교자는 하나님의 동역자이다.

어린이 설교자는 사랑한다

누군가를 사랑하면 그 사람을 위해 시간과 물질을 쓰게 된다. 사랑의 대상에게 마음이 간다. 어린이 설교자는 사랑하기 위해 부르심을 받았다.

먼저 어린이 설교자는 어린이를 사랑한다. 어린이와 이야기하고, 어린이와 시간을 보내며, 함께 뒹굴 수 있는 열린 마음이 있어야 한다. 어린이를 사랑할 때 어린이의 장단점에 균형 있게 접근해야 한다. 어린이의 장점을 부각해서 칭찬하고 인정해준다. 단점은 정죄나 비난이 아니라 기도와 사랑으로 교정할 수 있어야 한다. 사랑은 인내와 기다림을 포함하는 것이다.

어린이를 사랑하면 어린이가 무엇을 좋아하는지, 무엇에 시간을 많이 쓰는지 생각하게 된다. 또한 무슨 고민과 아픔이 있는지 마음이 가게 된다. 어린이의 부모는 어떤 사람인지, 어린이의 학교생활은 어떤지, 꿈이 무엇인지, 그 마음을 들여다보고 살피게 된다. 설교에서 청중 이해는 필수적이다. 더불어 어린이에게 따뜻한 미소와 눈빛을 보내고, 어린이의 말에 귀를 기울여주며, 어린이 한 영혼을 소중히 여긴다는 메시지를 줄 수 있어야 한다.

다음으로 어린이 설교자는 성경을 사랑해야 한다. 하나님의 말씀인 성경을 사랑하는 사람이 설교자이다. 설교자의 무기는 성경이다. 어린이를 웃기고 울리는 연예인 같은 설교자가 되어서는 안 된다. 그렇다고 재미없고 꽉 막힌 답답한 사람이 되라는 뜻은 아니다. 성경의 진리를 바르게 전하고 어린이의 눈높이에 맞게 흥미 있게 설교하여 어린이의 영혼을 살리는 설교자가 이 시대에 필요하다.

간혹 어린이의 흥미를 끌기 위해 간식과 선물을 주는 것으로 어린이 사역을 설명하려고 하는데 조심해야 한다. 말씀으로 승부를 내야 한다. 물론 어린이 사역에 선물과 간식이 필요하다. 과거에 어린이 사역을 하면서 손에 늘 작은 선물을 가지고 다녔다. 아이들에게 빈손으로 다가가지 않으려고 노력했다. 그럼에도 말씀이 우선이다. 간식과 선물은 아이들을 기분 좋게 하지만 말씀은 아이들을 변화시키고 살린다. 어린이 설교자는 자신이 성경을 읽고 묵상하며 연구하여 말씀대로 살고자 노력하는 설교자이다.

어린이 설교자는
계속 성장하다

　　　　어린이 설교자는 거룩한 불만족이 있어야 한다. 거룩한 불만족이 무엇일까? 자신의 부족함을 정직하게 인식하는 것이다. '나는 이 정도면 괜찮아. 이 정도면 잘해'라는 생각을 경계한다. 어린이 설교자는 자신의 사역과 설교와 삶에 대해 부족함을 인식하고, 내일은 오늘보다 더 좋은 설교자가 되기 위해 계속해서 성장해야 한다.

　　하나님은 어떤 설교자를 사용하실까? 자신의 약함을 인정하고 철저히 준비된 사람을 사용하신다. 준비 없이 대충 강단에 서는 설교자는 변화를 기대하기 어렵다. 물론 설교자 자신이 준비를 잘했기 때문에 역사가 일어나는 것은 아니다. 그렇지만 잘 준비하고 하나님을 의지하는 설교자에게 성령님의 역사가 더 크게 임하는 것을 부인할 수 없다.

　　설교자는 배우는 것을 좋아해야 한다. 설교자 자신의 지식과 능력을 자랑하기 위해서 배우는 것이 아니다. 내가 배워서 성장하면 이것이 곧 어린이에게 좋은 영향을 주기 때문이다. 설교는 곧 설교자 자신과 연결된다.

　　설교자의 성장과 관련해서 중요한 것이 설교자의 신뢰성의 문제이다. 어린이 설교자는 어린이들이 좋아해주는 사람이어야 한다.

아무리 설교를 잘하고 어린이를 웃기고 울리는 재주가 있어도 어린이들에게 신뢰를 잃으면 설교자의 공신력이 떨어지게 된다. 완벽하지 않지만 말씀대로 살고자 노력하고 말과 행동에서 모범이 되도록 성장해야 한다.

설교자가 배우기를 멈추면 좋은 설교자가 될 수 없다. 그리고 배운 것으로 끝내지 말고 한 가지라도 실천해서 어린이 사역과 설교에 적용할 수 있어야 한다. 어제보다 오늘, 갈수록 성장하고 변화되는 설교자가 좋은 어린이 설교자이다.

What sermon

>>> Chapter_3

'무엇을' 설교할 것인가

어린이가 하나님의 말씀을 배우고 진리의 사람으로 자라 가기 위해서 먼저 고려해야 할 것이 '설교의 내용'이다. "무엇을 설교할 것인가?" 하는 질문은 설교의 콘텐츠, 즉 '설교의 내용'과 관련되어 있다.

설교는 무엇보다 내용이 좋아야 한다. 성경적이어야 한다. 어린이에게 유익해야 한다. 들을 거리가 있어야 한다. 어린이들의 흥미를 끌어야 한다. 그러므로 설교자가 어린이 설교를 하는 것 자체가 중요한 것이 아니라 어떤 내용을 가지고 설교하느냐 하는 것이 더 중요하다. 어린이를 위한 설교 내용에 무엇이 들어가면 좋을까?

어린이가 하나님을
'알도록' 설교한다

먼저 어린이가 하나님을 알도록 설교하는 내용이 있어야 한다. 어린이도 하나님을 알아야 한다. 세상의 다양하고 많은 지식 가운데 '하나님을 아는 지식'이 최고의 지식이다. 공적으로 모여 예배하든지, 가정에서 예배하든지 간에 어린이 예배에서 하나님을 아는 지식이 전달되어야 한다. 성경 본문을 통해서 하나님이 누구신지, 하나님이 무엇을 하셨는지, 구원이 무엇인지, 예수님이 무엇을 하셨는지에 대한 내용이 들어가야 한다. 다시 말해 성경이라는 안경을 가지고 하나님과 세상과 자신을 볼 수 있는 기독교 세계관과 성경의 핵심 교리가 설교에 필요하다.

설교의 내용을 윤리적 교훈과 율법적 명령으로 채우지 않아야 한다. 복음적인 설교를 어린이들에게 선포해야 한다. 복음적인 설교는 예수님이 어떤 분이시며, 우리를 위해 무엇을 하셨는지를 말하는 예수님 중심의 설교이다. 그런데 많은 경우 어린이 설교에서 인간 중심적 설교가 전해진다. '교회 잘 다녀라, 전도해라, 거짓말 하지 마라, 성경 읽지 않으면 밥도 먹지 마라.'

물론 설교에 윤리적 교훈과 율법적 명령이 포함된다. 그러나 이런 내용은 예수님을 구원자로 아는 구원의 감격에서 흘러나오도록 교육해야 한다. 설교자는 성경에 나타난 하나님의 말씀과 행동을 선포하고 가르쳐야 한다. 그와 더불어 균형적으로 우리의 역할과 우리의 행동이 강조되어야 한다. 어린이가 하나님을 알도록 설교해야 한다. 하나님은 전능하신 창조주이시다. 하나님은 아버지가 되신다. 하나님을 아는 것이 가장 큰 축복이다. 어린이는 설교를 통해 하나님을 알고 만날 수 있다.

어린이가 하나님을 '사랑하고 예배하도록' 설교한다

어린이가 하나님을 아는 것으로 그치지 않고, 하나님을 사랑하며, 예배하는 내용을 담아 설교해야 한다. 하나님을 사랑하고 예배하는 것이 신앙의 본질이다. 하나님을 창조주와 아버지로 알았다면, 하나님을 사랑하고 예배하도록 설교해야 한다.

예수님을 통한 인격적인 만남, 곧 회심은 신앙의 출발이다. 회심은 신앙의 완성이 아니다. 믿음의 출발을 했다면 성장하도록 교육해야 한다. 성장에 있어서 기본이 예배이다. 하나님은 어린이를 예배자로 부르셨다. 교회에서 바른 예배자가 되고 생활에서 삶의 예배자가 되도록 양육해야 한다. 예배는 하나님 자녀의 특권이자 의무이다.

설교자는 어린이의 영적 성장에 관심을 가져야 한다. 하나님을 사랑하는 것이 무엇인지, 성경을 배우고 기도하는 것이 무슨 의미인지를 배워 자라도록 도와야 한다. 설교 내용에 있어서 구원의 메시지와 생활의 메시지가 균형을 이루면서 영적 성장에 도움을 주는 방향으로 나아갈 필요가 있다.

어린이의 성장과 관련해서 중요한 것이 성품이다. 구원받은 어린이가 예수님의 성품을 닮아가도록 메시지가 선포되어야 한다. 신앙생활은 예수님을 닮아가는 과정이다. 교회를 열심히 다니고 성경 지식은 많은데 말과 행실에서 예수님을 닮은 성품의 모습과 향기가 부족한 것이 우리 모두의 약점이 아닌가? 좋은 어린이 설교에는 회심, 성장, 변화의 가치와 실제의 내용을 잘 다룬 메시지가 들어 있다.

어린이가 '하나님과 함께 살아가고, 하나님과 이웃을 위해 살도록' 설교한다

어린이가 하나님과 함께 살아가고, 하나님을 위해 살아가도록 하는 설교 내용이 포함되어야 한다. 어린이가 하나님과 함께 살아갈 수 있을까? 어린애에 불과한데 하나님을 위해 살아갈 수 있을까? 어린이는 하나님과 함께 살아가고, 하나님을 위해 살아갈 수 있다. 신앙은 하나님과 함께 살아가는 동행이다. 하나님을 위해 살아가는 헌신이 신앙이다. 설교자는 어린이가 주일에 교회에서만 아니라 주중에 가정과 학교에서 하나님과 동행하는 신앙인이 되도록 설교해야 한다. 세상에서 믿음의 실력을 증명하는 어린이가 되도록 양육하는 것에 집중해야 한다.

이런 관점에서 성경인물 설교가 중요하다. 성경인물이 어떻게 하나님과 동행하는 삶을 살았으며, 어떻게 믿음의 사람이 되었는가를 설교한다. 물론 성경인물 설교가 동화처럼 들리거나 역사에 나오는 위인전과 같이 되지 않도록 해야 한다.

좋은 어린이 설교는 어린이가 교회에서만이 아니라 가정과 학교에서 예수님의 제자로 살아가도록 도전하게 하는 설교이다. 예배에 결석하지 않고 헌금을 잘하며 전도를 많이 하는 정도의 좋은 교인을 만드는 것이 설교의 목표가 아니다. 물론 이것도 중요하고 필요하지만 궁극적으로 어린이가 예수님의 제자가 되고 빛과 소금으로 살아가는 정체성을 세워주는 설교를 해야 한다. 어린이가 교회 울타리를 넘어 가정과 학교에서 작은 예수로 살아가도록 양육해야 한다. 이 세상에서 그리스도인으로 어떻게 살 것인지 어린이에게 꿈과 비전을 심어주어야 한다.

정리하면 어린이 설교자는 어린이 설교 내용에 다음과 같은 내용을 담아야 한다. 어린이가 예수님을 믿고 구원을 받았는지, 예수님을 닮아가는 성장이 있는지, 예수님과 이웃을 섬기고 사랑하고 있는지 이런 방향성을 가진 내용으로 설교해야 한다. 어린이 설교에 앞서 설교자는 무엇을 설교할 것인지 성경을 살펴야 한다. 성경에 귀를 기울여야 한다. 성경 본문이 말하는 것을 설교해야 한다. 설교자는 기독교 교리를 알고 성경의 핵심 주제를 공부할 필요가 있다. 어린이의 생활 문제와 적용 거리를 살펴야 한다. 준비를 잘하는 만큼 어린이 설교의 내용이 풍성해진다.

How
sermon

>>> Chapter_4

'어떻게' 설교할 것인가

아무리 설교 내용이 좋고 어린이에게 유익하다고 할지라도 그 설교가 어린이의 귀에 들리지 않는다면 아쉬움이 남는 설교이다. 어린이 설교자는 어린이들이 설교에 집중하고 말씀이 잘 들리도록 설교 방법에 대해 고민해야 한다. 설교는 하나님 말씀의 선포이다. 그리고 설교는 청중과의 커뮤니케이션이다. 나는 어린이 청중과 소통이 잘되는 설교자인가? 나의 설교는 잘 들리는 설교인가?

모든 설교자는 '들을 수밖에 없는 설교'를 하길 간절히 바랄 것이다. 그렇다면 어린이가 '들을 수밖에 없는 설교'는 어떤 설교일까? 어린이의 영혼을 살찌우는 성경적인 설교이면서 동시에 어린이의 눈과 귀를 사로잡아 흥미와 관심을 불러일으키는 설교이다. 성경적인 의미를 전달하면서 재미의 옷을 입어야 한다. 무엇보다 들리는 설교를 위해 놓쳐서는 안 되는 것이 있다. 성령님의 역사이다. 설교는 인간의 말로 전달되는 것이지만 성령님의 역사가 있을 때 어린이를 진정으로 변화시킬 수 있다.

어린이 설교자라면 설교와 관련해서 다음의 4가지 사항을 기억하고 어린이를 만나면 좋겠다고 생각한다.

첫째, 무엇을 설교할 것인가? (설교의 내용)
둘째, 어떻게 설교할 것인가? (설교의 방법)
셋째, 설교를 듣는 어린이는 어떤 존재인가? (청중의 이해)
넷째, 설교에 성령님의 역사가 있는가?
　　　(성령의 기름 부으심)

현장사역의 경험과 설교학적 연구에 비추어, 성경 본문을 잘 밝히면서 어린이의 마음을 붙잡는 효과적인 어린이 설교 방법을 나누고자 한다.

'성경 본문'의 메시지가 드러나는 설교

어린이 설교자는 성경을 가지고 말씀으로 승부를 내는 말씀의 종이다. 성경 본문을 가볍게 대하지 말아야 한다. 성경을 살아 있는 하나님의 말씀으로 믿고 선포해야 한다. 설교는 설교자의 이야기가 아니라 하나님의 이야기를 전하는 것이다.

어린이 설교를 할 때 '성경 본문'의 메시지가 잘 드러나는 설교를 해야 한다. 본문 메시지를 드러낸다는 것은 말씀을 바르게 전한다는 것이다. 성경 본문을 떠난 설교를 하지 말아야 한다. 설교자가 하고 싶은 말을 하기 위해 본문을 끌어오지 않도록 해야 한다. 설령 설교자가 전하고 싶은 주제가 있을지라도 본문 연구와 해석에 근거한 메시지를 전해야 한다. 본문에 나타난 하나님의 의도를 찾아서 그 의미를 밝히는 설교가 되어야 한다.

그러므로 설교자는 본문에 귀를 기울이는 사람이다. 설교하기 전에 먼저 본문으로부터 하나님의 말씀을 들어야 한다. 본문을 관찰하고 연구하는 과정을 거쳐야 바른 말씀을 전할 수 있다. 본문 안에서 "하나님은 어떤 분이신가? 하나님은 무엇을 하셨나? 왜 복음이 필요한가? 우리는 어떻게 살아야 하는가?" 하는 것을 발견하고 이것을 드러내는 설교가 필요하다.

성경 본문이 말하고 본문이 의미하는 메시지를 밝히는 설교훈련을 어린이 설교를 할 때부터 해야 한다. 그렇지 않으면 장년 설교를 할 때도 쉽게 본문을 떠난 설교를 하게 된다. 본문을 설명할 때 어린이의 눈높이에 맞게 전하기 위해 설교자의 상상력이 필요하고, 또 재미의 요소도 가미되면 좋다. 무엇보다 본문에서 성경의 주인공이신 예수님을 보여주고, 하나님의 말씀이 중심이 되는 어린이 설교를 해야 한다.

해석과 적용이 있는 '이야기식 설교'

설교자는 어린이가 설교 말씀에 귀를 기울일 수 있도록 전달 방식에 신경을 써야 한다. 설교자의 입장에서 설교자가 편한 대로, 전하기 좋은 대로 설교하면 실패할 수 있다. 어떻게 하면 어린이에게 잘 들릴까 고심하며 설교해야 한다. 그렇다고 진리와 타협하거나 복음의 메시지를 희석하라는 말은 아니다.

책에 소개하는 어린이 설교현장의 경험과 설교학적 공부를 통해 발견한 것이 있다. 설교에서 이야기 형식(Storytelling)으로 설교하면 어린이에게 잘 들리는 설교가 될 수 있다는 것이다. 현장에서 어린이 설교를 하는 이들은 공감할 것이다. 이야기는 어린이의 관심을 끌고 설교에 집중하게 하는 힘을 가진다. 어린이는 이야기를 좋아한다. 이야기 형식으로 진리의 개념을 담아 설교를 하면 전달이 잘 된다. 그러나 이야기로만 설교를 채워서는 안 된다. 이렇게 되면 설교가 성경 동화 수준에 머물고 만다.

어린이 설교에 '이야기식 설교'(Narrative Preaching) 형식을 잘 활용하면 설교가 어린이들 귀에 생생하게 들리고, 또 말씀이 선명하게 보이는 효과를 얻을 수 있다. 이야기식 설교 본문 속에는 움직임과 흐름이 있고 극적인 요소가 들어 있다. 여기에 설교 주제가 분명하고 본문 해석과 적용이 있는 설교를 하면 좋다.

이야기식 설교를 할 때 말씀의 적용이 포함되어야 한다. 하나님 말씀은 그냥 듣고 끝내는 것이 아니다. 설교의 목적은 '변화'이다. 어린이의 수준에서 말씀대로 실천할 수 있도록 도와주어야 한다. '알아서 적용하겠지, 실천하겠지'라면서 두루뭉술하게 설교하지 말고, 구체적이고 분명한 적용 거리를 던져주어야 한다.

나의 어린이 설교 샘플을 보면 성경으로 들어가서 효과적인 전달을 위해 대화 형식을 사용해서 생생하게 설교한다. 이것을 위해 적절한 예화도 활용한다. 몸을 써서 필요한 동작을 하기도 하고, 그런 가운데 본문 설명과 해석 및 적용을 하면서 설교를 이끌어간다. 적용을 위해서 주제는 한 가지에 집중한다. 어린이가 말씀을 가지고 실행할 수 있는 실천사항을 알려준다. 한 가지라도 적용하고 실천할 수 있는 어린이 설교가 될 때 설교의 완성이라 생각한다.

이야기식 설교에서 설교자의 표정이나 제스처, 목소리(음성)의 중요성을 인식해야 한다. 물론 연기하는 전문가처럼 하라는 말이 아니다. 본문 속에서 대화를 표현하며 생생한 느낌을 주고자 할 때 표정, 제스처, 목소리(음성)의 변화를 주는 노력도 필요하다.

'주제'가 선명한 설교

어린이를 하나님 말씀 앞으로 이끌기 위해 여러 가지 요소를 고려해야 한다. 그중에서 선명한 설교의 '주제'에 대해 말하고 싶다.

어느 날, 예배를 마치고 집으로 가는 어린이들과 인터뷰했다. "얘들아, 오늘 목사님이 어떤 말씀을 하셨어?" "설교의 주제를 이해했니?" 아이들은 반응하기를 "잘 모르겠어요. 그냥 좋은 말씀이었어요. 무슨 말인지 기억이 안 나요"라고 했다. 여러 이유가 있겠지만 설교의 주제가 선명하지 않을 때 이런 반응이 나온다.

어린이 설교에서도 들리는 설교를 위해 설교 주제가 절대적으로 중요하다. 설교 주제가 없거나 주제가 분명하지 않으면 어떤 결과를 가져올까? 설교를 듣기는 들었는데 남는 게 없는 것처럼 느껴진다. 설교자의 마음에 설교 주제가 흐릿하다면 당연히 설교를 듣는 어린이의 마음도 흐릿하게 된다. 어린이가 집으로 돌아갈 때 마음에 진리가 남아야 한다. 진리의 핵심 말씀 한 문장을 마음에 품고 세상으로 가야 한다. 한 문장의 핵심 진리는 설교의 주제이다. 본문의 중심사상이라 부를 수 있다.

어린이 설교는 전달에 있어서 시간상으로 지루하게 길어지지 않도록 해야 한다. 어린이의 집중도가 떨어지기 때문이다. 쉽고 분명하게 전달되고 설교가 짧게 느껴지게 하려면 주제가 명확해야 한다. 설교자가 하고 싶은 이야기를 많이 펼쳐놓지 말고 하나의 중심 포인트를 집중적으로 공략하는 것이 좋다. 이런 면에서 책에 나오는 설교 표본을 보면 하나의 설교 주제를 향하여 논리적인 흐름으로 이어진다. 어린이 설교에도 설교의 주제를 향한 서론, 본론, 결론의 흐름이 있다. 설교 주제가 선명해야 그날의 설교 목표가 이루어진다.

적절한 '시청각 자료'를 활용하는 설교

많은 어린이가 게임과 영상 문화에 익숙해져 있다. 이런 시대에 어떻게 설교해야 어린이의 눈과 귀와 마음을 사로잡을까? 시대 흐름을 인식하고 적절한 시청각 자료를 활용할 필요가 있다. 시청각 자료는 설교에 대한 집중도를 높이는 역할을 한다. 다양하고 창의적인 방식으로 접근해서 어린이들이 말씀에 집중하도록 해야 한다.

예를 들어 설교와 관련된 도구를 활용하고, 파워포인트(PPT)로 사진이나 그림을 보여주며, 인형극을 하고, 드라마 설교를 하며, 좋은 동영상 자료를 활용할 수 있다. 경험상 해석과 적용이 있는 '이야기식 설교'를 하면서 설교의 중심 키워드를 스크린에 띄워 보여주는 파워포인트(PPT) 설교가 전달에 효과적이었다. 귀로 설교가 생생하게 들리면서 동시에 눈으로 사진이나 그림을 보면 집중도가 올라간다. 현장의 많은 사역자가 이렇게 설교하고 있다.

어린이 설교자가 설교를 잘하고 못하고를 떠나서 다양한 시청각 자료를 설교에 활용하기 위해 노력하는 모습에서 어린이들은 감동한다. '우리 목사님, 전도사님이 이렇게 하나님 말씀을 잘 전하기 위해 우리를 위해 애쓰시는구나!'라는 진심이 전달된다.

그러나 시청각 자료가 예배와 설교의 중심이 되지 않도록 주의해야 한다. 설교의 보조자료로 활용해야 한다. 어린이 설교에 대한 이해와 철학 없이 시청각 자료나 영상 매체를 지나치게 자주 활용하는 것은 어린이 사역에 실패를 가져올 수 있다. 모든 영상 매체나 시청각 자료를 부정하는 것은 아니다. 메시지를 잘 설명하고 잘 들리게 하는 면에서 시청각 자료를 사용하면 된다. 그런데 설교 내용이 좋아야 시청각도 의미가 있다는 것이다. 시청각 자료는 화려하고 아이들의 눈을 사로잡는데 설교 내용이 부실하면 어린이가 영적인 허전함을 느낀다. 계속해서 더 화려하고 눈을 끄는 시청각을 보여주어야 하는 딜레마에 빠진다. 이렇게 되면 어린이의 영혼은 좋은 양식을 먹지 못해 굶주려 병들게 된다.

어린이를 사랑하는 마음으로 말씀을 잘 전하기 위해 기도하고 연구해보라. 다양한 시청각 자료에 대한 아이디어를 구할 수 있게 될 것이다. 설교자는 모든 것을 다 잘할 수 없다. 시청각 자료에 대해 전문가들에게 도움을 받는 것도 필요하다.

어린이의 '참여'가 있는 설교

어린이는 활동적이고 에너지가 넘친다. 설교시간에 가만히 앉아 있지를 못한다. 이런 성향을 지혜롭게 활용할 필요가 있다. 어린이의 활동적 에너지를 설교에 참여하는 방향으로 이끌어야 한다.

초보 설교자의 특징은 쉽게 알 수 있다. 설교 시간에 많이 하는 말을 들어보면 된다. "너희들, 조용히 안 해!" "주목! 목사님을 보세요." 이런 말을 많이 한다. 심지어 "설교 시간에 떠드는 어린이는 마귀의 종이다"라고 말한다.

어떤 설교자는 집중하지 못하고 딴짓하는 어린이를 보고 화내는 경우도 있다. 솔직히 인간적인 생각으로 화가 날 때도 있다. 그러나 화내는 대신에 어린이가 집중하게 만들어야 한다. 강단에서 자기감정을 지나치게 노출해서는 안 된다. 예배와 설교에 어린이를 참여하게 만드는 설교를 하는 사람이 지혜로운 설교자이다.

어린이 예배에서 설교자의 목소리만 들려서는 안 된다. 어린이들의 기도 소리, 찬양 소리, 질문하는 소리, '아멘' 하는 소리, 웃음 소리가 들려야 한다. 어떻게 하면 참여가 있는 어린이 설교를 할 수 있을까? 어린이의 눈빛과 마음과 생각을 읽으며 어린이와 교감해야 한다. 어린이가 설교 안으로 들어오도록 초대해야 한다.

예를 들어 설교시간에 어린이와 함께 성경 본문을 큰소리로 읽는다. 설교자가 질문을 던지고 어린이가 답하게 한다. 설교 중에 등장인물로 어린이를 강단 앞으로 나오게 해서 설교한다. 설교 핵심 키워드를 반복해서 따라 하게 한다. 설교를 마치고 복습 퀴즈를 하면서 설교에 참여하게 한다. 설교 후에 실천사항을 결심하는 어린이의 말을 들어본다. 설교의 핵심 주제를 가지고 합심기도를 한다.

어린이를 예배와 설교에서 소외시키지 말라. 어린이 설교는 설교자 혼자 하는 것이 아니다. 어린이 설교는 어린이와 함께 성령님의 역사로 만들어가는 것이다.

'다양한 설교 방식'을 활용하는 설교

어린이 설교에서 설교 형식을 다양하게 활용할 필요가 있다. 매주 똑같은 방식으로 설교하면 어린이는 기대감이 줄게 된다. 누군가의 말처럼 지루하게 설교하는 것은 죄가 될 수가 있다. 실제로 설교했던 3가지의 설교 방식을 어린이 설교의 실제 샘플로 소개한다.

▶ 성경인물 설교

성경인물 설교는 어린이들이 좋아하는 설교 방식이다. 성경인물을 통해 성경의 사건이 생생하게 살아 있는 것처럼 다가온다. 그러나 성경인물을 영웅시하지 않도록 해야 한다. 성경인물이 훌륭한 것은 인물 자체 때문이 아니다. 하나님께서 사용하셨기 때문이다. 그래서 성경인물 설교를 할 때 사람 자체를 부각하기보다 그 사람을 붙들고 계시는 하나님을 높여야 한다.

성경에 등장하는 인물은 현재 우리의 모습을 보여주는 유형들이다. 그러므로 성경인물은 어린이에게 삶의 많은 교훈을 줄 수 있다. 성경인물을 통하여 우리에게 주시는 오늘의 교훈을 마음에 새기게 되고, 그 인물을 바라보며 나 자신의 죄와 약점 또한 발견할 수 있다.

성경인물은 매력적이다. 저마다 특징이 있다. 그 인물의 특징을 통해 어린이가 배울 수 있는 적용 거리를 찾아 설교해야 한다. 더불어 성경인물도 약점이 있고 부족함이 있는 죄인이다. 성경인물 역시 하나님의 은혜가 절대적으로 필요한 것을 강조하고, 진정한 영웅은 예수님이심을 드러내도록 한다. 성경인물을 통해 어린이가 예수님을 주목하도록 설교한다.

▶ 교회절기 설교

교회절기 설교는 어린이의 신앙 성장에 필수적인 도구이다. 요즘은 절기를 가볍게 여기는 경향이 있는데 하나님은 절기라는 사건을 통해서 믿음을 배우게 하신다. 교회절기 설교는 하나님이 교회 역사 가운데 하신 일을 기억하고 묵상하게 하는 설교이다.

교회절기가 왜 필요한가? 절기는 인간과 교회를 향한 하나님의 일하심과 구원사역을 일정한 주기에 따라 반복함으로써 구원 사건을 회상하고 새롭게 경험하도록 한다. 교회절기는 성도 한 개인만의 사건이 아니다. 신앙공동체와 함께 기념하는 축제의 날이다. 교회절기 설교를 통해 신앙의 역사성과 현재성을 어린이들에게 가르칠 수 있다. 매년 같은 시기에 돌아오는 교회절기가 있다. 그냥 의미 없이 지나치게 하지 말고 그 절기에 맞는 설교를 통해 의미를 되새기게 한다.

가장 기본적인 교회의 핵심 절기는 고난주간, 부활절, 성령강림

절, 추수감사절, 성탄절 등이 있다. 단순한 행사나 이벤트로 여기지 말고 복음의 핵심에 대해 배울 수 있는 신앙의 자원이 되도록 한다. 물론 절기 자체가 본질이 아니다. 그 절기 가운데 하나님의 일하심을 드러내도록 한다. 과거에 함께하시고 역사하신 하나님이 오늘 이 시대 가운데 살아계신 하나님이심을 절기 설교를 통해 보여줄 수 있다.

교회가 역사적으로 지켜오는 절기만이 아니라 신앙교육을 위해 현시대에 함께 공감하는 행사도 있다. 예를 들어 전도 축제, 어버이 주일, 스승의 주일, 교회 설립 주일 등이다. 절기 설교는 어린이들에게 믿음의 역사적 사건을 설명하고 확립하는 설교이다.

▶ 성경주제 설교

성경주제 설교는 성경이 말하는 진리의 가치와 개념을 전달하는 설교이다. 어린이는 세속적이고 비성경적인 가치관이 중심을 이루는 시대에 살고 있다. 절대적이고 객관적인 진리를 거부하는 문화 속에 자기도 모르게 물들어간다. 이럴 때일수록 성경의 가치와 개념을 분명하게 심어주는 설교를 해야 한다. 성경적 가치관과 기독교적 세계관을 분명하게 세울 수 있는 성경주제 설교가 필요하다.

어린이가 설교를 듣고 나서 "좋았다. 재미있었다. 괜찮은 설교였다"라는 정도의 반응으로는 부족한 설교이다. 성경의 핵심 가치와 개념이 어린이의 생각과 감정과 의지를 사로잡고 변화시키는 설교여야 한다. 물론 어린이는 추상적이고 개념적인 명제를 받아들이기가 쉽지 않다. 그럼에도 성경주제 설교를 통해 어린이의 생각과 행동이 변화되고 습관이 달라지며 전인격이 성장하는 것에 목표를 두어야 한다. 성경주제 설교가 본문의 의미를 밝히면서 어린이의 삶과 동떨어진 설교가 되지 않도록 해야 한다. 성경의 개념이 허공으로 날아가지 않도록 설교해야 한다. 성경이 말하는 여러 가지 주제와 더불어 어린이의 일상에도 영향을 주는 설교를 할 때 진정한 변화가 있다.

성경주제 설교를 위해서 설교자는 본문에서 주제를 발견하고 드러내야 한다. 주제를 통해 성경의 개념과 가치관이 어린이의 마음에 심기도록 해야 한다. 그래서 믿음의 뼈대를 세우고 흔들리지 않는 신앙으로 세상을 변화시키는 하나님 나라의 리더가 되게 해야 한다.

성경인물 설교, 교회절기 설교, 성경주제 설교와 같이 3가지 방식의 실제적인 설교 샘플을 다음 장에서 소개하고자 한다. 여기서 소개하는 설교 외에 어린이 시리즈 주제설교, 어린이 강해설교, 어린이 교리설교, 어린이 영화설교, 어린이 드라마설교 등을 다양하게 활용할 수 있다.

지금까지 어린이 설교에 대한 이론 부분을 정리해보았다. 이론에 대해 전문가적인 소양이 부족함을 이해해주면 좋겠다. 현장에서 수고하는 어린이 설교자와 주일학교 교사들의 섬김에 감사드린다. 내가 만일 어린이 설교자로 부르심을 받았다면 강단에서 어린이의 영혼을 살리고 변화시키는 생동력 있는 설교를 해야 하지 않을까?

  하나님 나라의 주인공이 되는 어린이들이 목사님, 전도사님의 설교를 얼마나 기다리고 사모할까? 토요일이 되면 어린이들이 주일에 교회에 가서 말씀을 듣고 싶어 하는 기대감이 들도록, 그리고 그 기대감을 채워주는 재미와 의미와 생명력이 있는 설교가 되기를 소망한다. 주일 공적 예배이든 가정 예배이든 간에 오직 말씀으로 승부를 내고 성령님의 손에 붙들린 어린이 설교자들이 많이 세워지길 기대한다.

SECTION 2

어린이 설교의 실제 Ⅰ
_성경인물 설교

: 성경인물 설교의 핵심은 예수님을 보여주는 것

● ● ● ● ●

S·E·R·M·O·N·01

노아

: 제일 먼저 하나님을 생각해요!

- ▶ 설교 제목 : 제일 먼저 하나님을 생각해요!
- ▶ 성경 본문 : 창세기 8:1-22
- ▶ 핵심 말씀 : 창세기 8:19-20
  땅 위의 동물 곧 모든 짐승과 모든 기는 것과 모든 새도 그 종류대로 방주에서 나왔더라 노아가 여호와께 제단을 쌓고 모든 정결한 짐승과 모든 정결한 새 중에서 제물을 취하여 번제로 제단에 드렸더니
- ▶ 참고 말씀 : 마태복음 6:33
  그런즉 너희는 먼저 그의 나라와 그의 의를 구하라 그리하면 이 모든 것을 너희에게 더하시리라
- ▶ 설교 키워드 : 우선순위, 예배, 선택
- ▶ 설교 목표 : 생활 속에서 우선순위를 선택하는 것을 배우고 제일 먼저 하나님을 예배하는 어린이가 되게 한다.

1. 마음의 문을 열며

　친구들, 안녕하세요? 오늘은 교회에 와서 제일 먼저 무엇을 했나요?
　"목사님, 저는 친구들과 이야기했어요."
　"저는 선생님께 인사했어요."
　"간식을 먼저 먹었어요."
　친구들, 교회에 와서 제일 먼저 할 일은 하나님께 기도를 드리는 거예요.
　"하나님, 감사합니다. 예배 잘 드리고 하나님 만나게 해주세요. 예수님의 이름으로 기도합니다. 아멘!"
　친구들, 아침에 일어나서 제일 먼저 무엇을 해요? 아빠 엄마에게 "안녕히 주무셨어요?"라고 인사하지요. 학교에 도착하면 제일 먼저 하는 것이 무엇인가요? 친구들과 인사하고 공부할 준비를 해요. 제일 먼저 어떤 일을 선택하느냐에 따라 모든 것이 달라져요. 오늘 성경에서 제일 먼저 하나님을 생각하는 사람을 만나볼게요.
　성경 속으로 다 함께 Go! Go! (＊다 함께 외친다)

2. 성경 속으로

하나님은 40일 동안 온 땅에 비를 내려서 모든 죄인을 심판하셨어요. 왜냐하면 사람들이 죄를 지어서 하나님의 마음을 슬프게 했거든요. 하지만 하나님의 사랑을 입은 노아와 가족들은 살게 되었어요. 노아의 가족과 동물들은 방주에 들어가서 살았어요. 방주는 아주 큰 배입니다. (*방주 그림/사진을 보여준다) 방주 안에서 1년 넘게 살았어요. 하늘의 창이 열려서 큰비가 쏟아지고 땅 밑에서 깊은 샘들이 터지는 일이 일어났어요. 하지만 하나님은 노아의 방주를 지켜주셨어요. 방주가 큰 산이나 암초에 걸리지 않고 물에 휩쓸리지 않도록 보호해주셨어요.

친구들, 방주는 어떻게 움직일까요? 누가 방주의 선장일까요?

"나는 이 방주의 선장이다. 야호, 빨리 달리자!"

아니에요. 노아가 방주의 선장이 아니라 하나님이 방주의 선장이셔요. 하나님은 방주 안에 있는 노아와 가족과 동물들을 생각하고 사랑해주셨어요. 드디어 40일이 지나고 비가 그쳤어요. 하나님은 바람이 불어서 물이 점점 줄어들게 했어요. 홍수가 난 지 150일이 지나고 물이 줄어들어 땅이 보이기 시작했어요.

"까마귀야, 까마귀야! 어디 있니?"

노아가 까마귀를 부르고 있네요.

"까악~ 까악~ 여기 있습니다. 노아 할아버지."

"이제 홍수가 그쳤으니 밖에 나가서 세상에 물이 없어졌는지 알아보고 오너라. 하나님께서 홍수를 멈추었는지 알아봐야겠어."

노아가 까마귀를 날려 보냈는데 까마귀는 마른 땅을 찾을 때까지 날아다니기만 했어요. (*까마귀 그림/사진을 보여준다)

"이번엔 비둘기를 보내야겠다." (*비둘기 그림/사진을 보여준다)

"비둘기야, 중요한 임무를 맡긴다. 네가 가서 알아보고 와라."

비둘기 역시 사람들이 살 수 있는 땅을 찾지 못하고 노아에게 돌아왔어요. 노아는 더 기다렸어요. 7일 밤이 지나고 나서 다시 비둘기를 내보냈어요. 그러자 비둘기가 이번에는 입에 감람나무 새 잎사귀를 물고 왔어요. (*잎사귀 그림/사진을 보여준다) 노아는 잎사귀를 보고 생각했어요.

'이제 땅이 거의 다 말랐구나. 밖으로 나가도 되겠다.'

노아는 7일이 지나서 다시 비둘기를 날려 보냈고 그 비둘기는 돌아오지 않았어요.

친구들, 땅의 물이 마른 것을 알게 된 노아는 "야호 신난다! 빨리 방주 밖으로 나가자"라고 말하며 방주에서 나왔을까요? 아니에요. 하나님께서 "노아야, 방주에서 이제 나와라!"고 말씀하시지 않았어요. 노아는 어떤 사람이죠? "네, 하나님. 알겠어요"라고 순종하는 사람이에요. 비가 오지도 않는데 방주를 만들라는 하나님의 말씀에 순종한 사람이에요.

두구두구…. 드디어 기다리던 시간이 왔습니다. 하나님께서 노아에게 말씀하십니다. 친구들, 잘 들어보세요.

"노아야, 이제 방주 밖으로 나가라!"

노아는 방주의 문을 조심스럽게 열었어요.

"어디 한번 보자. 끼이익. 물이 다 말랐을까? 물이 아직도 있을까?" (＊혼잣말을 하며 문을 여는 시늉을 한다)

"끼이익. 쿵!" 친구들. 어떻게 되었을까요?

"물이 다 말랐어요. 살았다. 하나님이 우리를 구원해주셨네. 하나님, 감사합니다."

"깡충깡충. 빨리 나가자."

"으허엉. 나도 살았구나. 저 방주 안에 있었더니 몸이 얼마나 뻐근했는지 몰라."

"음매에. 코끼리야 밀지 마. 네가 밀면 내가 넘어지잖아."

이렇게 해서 방주 안에 있던 모든 동물도 밖으로 나왔어요. 친구들, 노아의 가족과 동물들이 방주에서 나왔을 때 세상은 어떻게 변했을까요?

"아버지!"

"왜 그러느냐?"

"우리 집은 어디예요? 우리는 이제 어디서 살아요?"

노아는 말했어요.

"잠깐만 기다려봐."

"아버지! 저는 방주 안에 오래 있다가 보니까 고기가 너무 먹고 싶어요. 제발요"

노아는 말했어요.

"잠깐 기다려봐."

"여보! 동네 사람들이 어떻게 되었는지 찾아봐요. 살았는지 죽었는지 알 수 없네요."

노아는 말했어요.

"잠깐 기다려봐."

"우리 모두 홍수에서 살았으니 재미있는 곳으로 여행을 가요. 방주 안은 너무 재미없었어요. 게임도 못 하고 유튜브도 못 보고 TV도 없고…."

노아는 말했어요.

(친구들, 다 함께 말해요) "잠깐 기다려봐."

노아는 가족들에게 잠깐 기다리라고 말했어요. 무엇을 하려고 하는지 "기다려라"고 했어요. 왜냐하면 방주 밖으로 나와서 제일 먼저 할 일이 있었기 때문이에요. 네, 방주에서 나온 후에 제일 먼저 할 일이 있었어요.

창세기 8장 20절 말씀을 다 함께 읽어보아요.
"노아가 여호와께 제단을 쌓고 모든 정결한 짐승과 모든 정결한 새 중에서 제물을 취하여 번제로 제단에 드렸더니."

방주에서 나온 노아는 제일 먼저 무엇을 했나요? 하나님께 예배를 드렸어요. 홍수가 난 지 1년 하고 10일 후에 노아는 배에서 나와 제단을 쌓고 번제를 드렸어요. 번제는 예배예요. (＊번제 그림/사진을 보여준다)

"하나님, 감사합니다. 방주 안에서 저를 지켜주셔서 구원받게 하시니 너무 고맙습니다. 이제는 하나님을 기쁘시게 하며 살래요."

친구들, 하나님은 제일 먼저 예배하고 감사하는 노아를 너무 기뻐하셨어요. 하나님은 노아의 예배를 받으시고 노아와 약속을 했어요.

"내가 다시는 사람 때문에 땅을 저주하지 않고 홍수로 세상을 심판하지 않겠다!"

"아버지, 하늘을 보세요. 하늘에 너무 아름다운 것이 있어요."

하늘을 보니 무지개가 떴어요. 하나님은 무지개를 약속의 증표로 보여주셨어요. (＊무지개 그림/사진을 보여준다)

3. 마음을 다지며 삶 속으로

어린이 여러분, 노아의 가족들은 방주에서 나온 후에 제일 먼저 무엇을 했어요? 하나님께 예배드렸어요. 예배는 하나님을 만나는 시간이에요. 예배는 하나님께 나를 드리는 시간이에요. 예배는 하나님을 찬양하고 감사하는 축제의 시간이에요.

친구들, 하나님은 밤에 주무시지도 졸지도 않으신다고 했어요. 하나님은 언제나 우리를 생각하세요. 친구들의 이름을 다 알고 계세요. 그런데 우리가 하나님을 생각하지 않고 내 마음대로, 하고 싶은 대로 살아간다면 하나님의 마음이 슬프겠죠? 하나님은 우리를 사랑하셔서 하나뿐인 아들 예수님을 십자가에 죽게 하시고, 우리를 구원해주셨어요. 이런 은혜를 베푸신 하나님을 제일 먼저 생각해야 해요.

친구들은 언제 하나님을 생각하나요? 교회에 올 때만, 주일에만 생각하지 말고, 매일 하나님을 생각하는 친구들이 되기를 바랍니다. 공부하기 전에, 책 읽기 전에 먼저 성경을 읽고 기도하는 어린이가 믿음의 사람입니다. 하나님의 아들 예수님도 먼저 하나님을 생각하고 하나님의 뜻을 이루기 위해 사셨어요. 친구들, 학교에 가면 제일 먼저 기도부터 해보세요.

"하나님, 오늘도 공부 열심히 하고 즐겁게 보내게 해주세요. 친구가 예수님을 믿게 해주세요. 아픈 친구를 고쳐주세요"라고 기도하세요. 제일 먼저 하나님을 생각하는 어린이는 하나님께서 특별히 생각하고 사랑해주셔요. 목사님이 다음의 말을 하면, 친구들은 "제일 먼저 하나님을 생각해!"라고 외쳐주세요.

아침을 먹으려고 해요. (제일 먼저 하나님을 생각해!)
좋은 친구가 생겼어요. (제일 먼저 하나님을 생각해!)

재미있는 영화를 보려고 해요. (제일 먼저 하나님을 생각해!)

핸드폰으로 검색을 해요. (제일 먼저 하나님을 생각해!)

학교 숙제를 할 거예요. (제일 먼저 하나님을 생각해!)

노아처럼 제일 먼저 하나님을 생각하고 예배하는 멋진 친구들이 되기를 예수님의 이름으로 축복합니다.

좋으신 하나님, 무슨 일을 하든지 제일 먼저 하나님을 생각하고 예배하는 우선순위가 바른 믿음의 사람이 되게 해주세요. 예수님의 이름으로 기도합니다. 아멘.

S·E·R·M·O·N·02

다윗

: 승리의 하나님, 나의 하나님

- ▶ 설교 제목 : 승리의 하나님, 나의 하나님
- ▶ 성경 본문 : 사무엘상 17:1-58
- ▶ 핵심 말씀 : 사무엘상 17:45
  다윗이 블레셋 사람에게 이르되 너는 칼과 창과 단창으로 내게 나아 오거니와 나는 만군의 여호와의 이름 곧 네가 모욕하는 이스라엘 군대의 하나님의 이름으로 네게 나아가노라
- ▶ 참고 말씀 : 시편 27:1
  여호와는 나의 빛이요 나의 구원이시니 내가 누구를 두려워하리요 여호와는 내 생명의 능력이시니 내가 누구를 무서워하리요
- ▶ 설교 키워드 : 믿음, 용기, 승리
- ▶ 설교 목표 : 하나님을 의지하는 믿음의 사람이 되어 어떤 일에도 두려워하지 않고 승리하는 법을 배우게 한다.

1. 마음의 문을 열며

　모든 사람은 이 세상을 살면서 자신이 무서워하는 것이 있어요. 이 시간 예배드리는 친구들은 어떤 것이 무서운가요? 목사님이 어린이 친구들에게 물어보았어요.
　"너는 이 세상을 살면서 무서운 일이 뭐야? 어떤 일이 두려워?"
　친구들이 이렇게 말했어요.
　"목사님, 저는 학교에서 시험 치는 것이 무서워요."
　"저는 교실에서 친구들 앞에서 발표하는 것이 무섭고 싫어요."
　"저는 혼자 밤길을 걸어갈 때 너무 무서워요."
　"저는 많은 사람 앞에서 창피를 당하는 게 무서워요."
　"저는 용돈이 떨어지는 것이 무서워요."
　"저는 엄마의 잔소리가 무서워요."
　오늘 성경에서 두려움을 물리치고 용기를 가진 하나님의 사람을 만나보아요.
　성경 속으로 다 함께 Go! Go! (＊다 함께 외친다)

2. 성경 속으로

　"전쟁이 벌어졌다. 블레셋이 쳐들어왔다!" (＊입에 두 손을 모아

큰소리로 외친다)

하나님을 믿지 않고 이스라엘을 괴롭히는 블레셋이 이스라엘을 공격하러 왔어요.

"아버지, 저희는 전쟁터에 가서 블레셋과 싸워야겠습니다. 다녀오겠습니다."

이새의 아들 8명 중에 3명의 아들이 전쟁터로 가게 되었어요.

"형들, 건강하게 잘 갔다오세요."

막내 다윗은 집에 있었어요.

"너희가 하나님을 믿는 이스라엘 사람들이냐? 오늘 나와 싸우자. 나와 싸워 내가 지면 우리가 너희의 종이 되겠다. 그러나 내가 이기면 너희가 우리의 종이 되어야 할 거야. 하하하!"

블레셋의 장군인 이 사람은 이스라엘을 공격하러 와서 자기와 싸울 사람 한 명을 내보내라고 했어요. 옛날 전쟁에서는 군인들이 함께 싸우기 전에 장군 두 명이 나와서 먼저 싸움을 했어요.

"엄마야! 저걸 봐. 저게 사람이야."

"누굴 말하는 거야?"

"저기 블레셋 장군을 봐."

"어디 보자. 엑! 괴물 아니야? 저 사람이 말로만 듣던 거인 장군이야?"

"그래, 키가 3m는 되겠지?"

"악? 3m나 된다고? 아이고 무서워. 나는 집에 돌아갈래."

친구들, 블레셋 거인 장군의 이름이 무엇인가요?

다 함께 말해요.

"골리앗!"

골리앗은 키가 6규빗, 3m나 되었어요. 아주 튼튼한 갑옷을 입고 머리에는 투구를 쓰고 있어요. 갑옷의 무게만 70kg이 넘었어요. 그리고 칼과 창과 방패를 가지고 있어요. 한마디로 빈틈없이 중무장했어요. (*골리앗 그림/사진을 보여준다)

"아직도 나 골리앗과 싸울 사람이 없느냐? 하나님을 믿는 너희들은 모두 겁쟁이만 모였구나? 하하하!"

이스라엘의 사울 왕은 말했어요.

"이 장군, 네가 나가서 골리앗과 싸워라. 빨리 가!"

"사울 왕님, 저는 골리앗이 너무 무서워요. 잉~"

사실 사울 왕도 무서웠어요. 친구들, 사울 왕은 이스라엘 사람 중에 키가 가장 큰 사람이고, 왕인데도 무서워하고 있어요. 이스라엘에는 골리앗과 싸울 사람이 아무도 없었어요. 골리앗은 40일 동안 이스라엘을 겁주고 하나님을 욕했어요. 다윗은 지금 무엇을 하고 있을까요? 다윗이 어디에 있는지 아는 친구는 손들어보세요.

"메~ 메~ 양들아, 이리로 와라. 여기서 물을 먹어라."

다윗은 베들레헴에서 양을 돌보고 있었어요.

"으르렁, 어흥!"

"무슨 소리지?"

갑자기 사자가 나타났어요. 양을 잡아먹으려고 온 거예요.

"하나님, 저는 양을 돌보는 목동입니다. 하나님은 저를 돌봐주시는 목자이시죠? 저에게 힘을 주셔서 사자를 이기게 해주세요."

다윗은 이렇게 기도하고 무서운 사자를 막대기로 때려눕혔어요. (*다 함께 박수!)

"다윗!"

아버지 이새가 다윗을 찾고 있네요.

"아버지, 저 여기 있어요."

"다윗, 너는 지금 전쟁이 벌어지고 있는 곳으로 가야겠어. 너의 형들이 살아있는지 알아보고 와라. 그리고 형들에게 음식을 갖다 주어라."

"예, 아버지."

다윗은 양들을 다른 목동에게 맡기고, 아버지의 심부름으로 무시무시한 전쟁이 벌어지고 있는 곳으로 갔어요.

"하하하, 너희가 하나님의 백성이라고? 나와 싸우자! 하나님은 살아 있지 않아, 겁쟁이들아!"

"아니? 저게 무슨 소리지?"

"형님들!"

"오, 다윗 왔구나?"

"여기 빵이 있어요. 배고프지요?"

"그래, 고맙다."

"형님들, 그런데 사람들이 왜 저렇게 무서워 벌벌 떨고 있어요? 하나님을 욕하는 저 사람은 누구예요?"

"저 사람이 바로 골리앗이야. 너무 무서워서 아무도 나가서 싸우려고 하지 않아."

"뭐라고요? 하나님을 욕하고 우리를 죽이려 하는데 싸울 장군이 없다고요?"

다윗이 잠시 생각하더니 이렇게 말합니다.

"형님들, 제가 가서 싸울래요."

"뭐라고? 어떤 소년이 골리앗과 싸우겠다고 자기를 보내달라고 한다고?"

"예, 사울 왕님."

"빨리 가서 그 소년을 나에게 데려오라."

"다윗, 네가 저 거인 골리앗과 싸우겠다고?"

"예, 사울 왕님."

"지금부터 내가 얘기하는 것을 잘 들어라. 너는 소년이고 골리앗은 어려서부터 군인이었다. 미안하지만 너랑 상대가 안 돼! 너는 그냥 집에 가서 양이나 돌봐라."

"사울 왕님, 아닙니다. 걱정하지 마세요. 저는 양을 돌볼 때에 양을 죽이려는 사자와 곰을 이겼습니다. 사자와 곰을 죽이듯이 저 골리앗을 무찌를 것입니다. 저는 하나님을 믿습니다. 하나님은 내 편이십니다!"

친구들, 다윗의 용기와 믿음이 대단하지요? 이런 용기를 누가 주셨나요?

(＊다 함께 '하나님'이라고 말한다)

사울 왕은 걱정이 되어서 다윗에게 이렇게 말합니다.

"그러면 내 갑옷을 입고, 나의 칼을 가지고 싸워라. 그리고 무서우면 싸우려고 하다가 빨리 도망쳐라. 알겠지?"

다윗은 사울 왕의 갑옷과 칼을 받았어요. 그런데 너무 커서 다윗에게 맞지 않았어요.

"왕이시여, 이것은 제게 맞지 않습니다. 저는 다른 방법으로 싸우겠습니다."

다윗은 개울가로 달려가서 매끄러운 조약돌 5개를 찾았어요. 그 돌은 사람 주먹만 한 크기였어요. 다윗은 막대기를 들고 물맷돌을 가지고 전쟁터로 나갔어요. (＊물맷돌 그림/사진을 보여준다)

골리앗이 말합니다.

"꼬마야! 네가 나를 개로 알고 막대기를 가지고 왔니? 내가 개니? 멍멍. 그것으로 나를 때리려고? 나에게 무서운 칼과 창이 있는데. 너를 죽여서 독수리 밥이 되게 하겠다. 하하하."

다윗은 주눅 들지 않고 큰 목소리로 말했습니다.

"너는 칼을 들고 싸우지만 나는 하나님의 이름을 믿고 싸운다.

하나님이 나를 도와주셔서 네가 말한 그대로 너를 독수리와 사자의 밥이 되게 하겠다. 하나님이 살아계신 것을 보여주겠다. 하나님은 나의 대장이시다!"

사무엘상 17장 45절 말씀을 다 함께 읽어보아요.
"다윗이 블레셋 사람에게 이르되 너는 칼과 창과 단창으로 내게 나아오거니와 나는 만군의 여호와의 이름 곧 네가 모욕하는 이스라엘 군대의 하나님의 이름으로 네게 나아가노라."

다윗은 달려가면서 돌을 꺼내 물매에 올려서 힘차게 던졌어요.
"슝~ 휘익~ 딱~ 쿵" (*던지고-맞고-넘어지는 시늉을 한다)
친구들, 온몸이 갑옷으로 가려져 있고 또 방패가 있는데 돌이 골리앗의 이마에 정통으로 "딱" 하고 맞았어요. 어떻게 되었을까요? "쿵"이에요. 거인 골리앗이 쓰러졌어요. "슝~ 휘익~ 딱~ 쿵"으로 싸움은 끝이 났어요. 다윗의 손에는 칼도 없었어요. 물맷돌 하나만으로 골리앗을 이겼어요. 친구들, 다 함께 해보자.
"슝~ 휘익~ 딱~ 쿵!" (*다 함께 박수!)
사울 왕과 이스라엘 군대는 무서워서 떨다가 다윗이 골리앗을 죽이자 모두 용기를 내 블레셋 군대를 물리쳤어요.
"저 꼬마 누구야?"
"너, 꼬마라니? 말조심해! 믿음의 용사 다윗이야!"

3. 마음을 다지며 삶 속으로

어린이 여러분, 겉모습을 보았을 때 다윗은 절대로 골리앗을 이길 수 없어요. 그런데 다윗은 하나님이 함께하신다는 믿음으로 골리앗을 무너뜨렸어요. 하나님의 능력으로 싸우니까 돌 하나로 거인 골리앗을 이기는 거예요. 하나님의 아들 예수님도 하나님을 믿고 무서운 파도를 잠잠하게 하시고, 귀신을 내쫓으시며, 병을 고치셨어요.

친구들, 골리앗은 자기 힘을 믿었어요. 자기의 큰 키를 앞세워 칼과 창으로 싸웠어요. 그러나 아무리 좋은 무기가 있어도 하나님의 능력을 이길 수 없어요. 어떻게 하면 두려움을 떨쳐버리고 다윗처럼 하나님께 쓰임받는 사람이 될까요?

첫째, '하나님이 나의 대장이다'라고 믿는 믿음이 있어야 해요.

겁나고 무서울 때 하나님을 생각하고 의지하는 것이 용기이고 믿음입니다.

둘째, 나의 재능을 열심히 갈고 닦아야 해요.

다윗은 양을 돌보면서 무엇을 했을까요? 잠이나 자고 놀았을까요? 게임이나 했을까요? 아니에요. 수금을 연주하고 돌 던지는 연습을 많이 했어요. 그래서 예수님을 믿는 친구들은 열심히 공부하고, 기도하며, 성경을 읽고, 운동도 해야 해요.

친구들, 다윗처럼 무서운 일, 걱정되는 일, 어떤 일이 있어도 하나님을 믿고 용기를 갖는 승리하는 친구들이 되세요. 전능하신 하나님은 언제나 믿음의 사람과 함께하십니다.

다 함께 기도해요

승리를 주시는 하나님, 무섭고 두려운 일이 생길 때 대장되신 하나님을 믿고 믿음의 용기를 가지는 예수님의 제자가 되게 해주세요. 예수님의 이름으로 기도합니다. 아멘.

S·E·R·M·O·N 03

솔로몬

: 하나님 마음에 딱 맞는 사람

- ▶ 설교 제목 : 하나님 마음에 딱 맞는 사람
- ▶ 성경 본문 : 열왕기상 3:1-28
- ▶ 핵심 말씀 : 열왕기상 3:10
  솔로몬이 이것을 구하매 그 말씀이 주의 마음에 든지라
- ▶ 참고 말씀 : 요한복음 15:7
  너희가 내 안에 거하고 내 말이 너희 안에 거하면 무엇이든지 원하는 대로 구하라 그리하면 이루리라
- ▶ 설교 키워드 : 하나님의 마음, 기도, 지혜
- ▶ 설교 목표 : 하나님 마음에 맞는 기도와 삶이 무엇인지 배우고, 하나님이 기뻐하시는 자녀로 살아가도록 한다.

1. 마음의 문을 열며

"까꿍~ 사랑하는 아가야, 우유 먹자. 우유 먹고 잘 커라. 앗! 내가 낳은 아기가 아니야. 으악! 아기가… 죽어 있네."

어떤 아줌마가 아기를 낳았어요. 그런데 아침에 일어나 보니 다른 아기였어요. 그리고 그 아기는 죽어 있었어요. 끔찍한 일이 일어났어요.

"옆집 아줌마도 아기를 낳았지. 거기 가보자."

"딩동, 딩동, 계세요?"

"네, 누구세요?"

"옆집에서 왔어요. 제 아기가 없어졌어요. 당신이 낳은 아기를 볼 수 있을까요? 앗, 여기 있네. 이 아기가 내 아기입니다. 당신이 데려갔지요? 이 죽은 아기가 당신 아기지요?"

"이 아줌마가 무슨 소리 하는 거야? 이 살아 있는 아기가 내 아기고, 그 죽은 아기가 당신 아기지!"

친구들, 어떻게 이런 일이 일어났지요? 누가 살아 있는 아기의 진짜 엄마일까요?

성경 속으로 다 함께 Go! Go! (*다 함께 외친다)

2. 성경 속으로

어젯밤이었어요. 엄마가 잠을 자다가 아기를 깔아뭉개서 아기가 숨을 쉴 수 없어 죽고 말았어요.

"어떻게 하지? 그래, 옆집 아줌마도 3일 전에 아기를 낳았지. 죽은 내 아기와 살아 있는 아기를 바꿔야겠다."

이 못된 아줌마는 밤에 몰래 가서 아기를 바꾸었어요.

"조심조심, 들키면 안 되는데…."

자기의 죽은 아기와 살아 있는 아기를 몰래 바꿔치기해서 집으로 데려온 거예요. 아무도 몰랐어요.

"이보시오, 우리 왕에게 가서 이 아기가 누구의 아기인지 물어봅시다."

"그래요, 갑시다. 호호~"

"왕이시여! 두 명의 엄마가 왕을 찾아왔습니다. 한 아기를 두고 서로 자기 아기라고 싸우고 있습니다. 판결을 내려주세요"

왕이 말했어요.

"어디 보자. 둘 중에 한 사람이 거짓말을 하고 있구나. 여봐라, 칼을 가져오라! 이 칼로 저 아기를 둘로 나누어라!" (*아기, 칼 그림/사진을 보여준다)

"예? 살아 있는 아기를 반으로 나누라고요?"

"그래, 반으로 나누어 두 엄마에게 하나씩 나누어주어라. 그러면 공평하지 않으냐?"

가짜 엄마가 말했어요.

"좋아요. OK. 그렇게 해요."

왕이 아기를 자르기 위해 칼을 들었어요.

"에이!"

"왕이시여, 안됩니다. 죽일 수는 없어요. 아기를 죽이지 말고 차라리 저 엄마에게 주세요. 제발 아기를 죽이지 마세요. 흑흑흑~"

"잠깐! 멈추어라! 아기를 죽이지 말라고 말한 저 엄마에게 주어라. 저 사람이 진짜 엄마다. 진짜 엄마는 자기가 낳은 아기를 절대로 죽일 수가 없다. 그리고 거짓말하는 저 여자를 감옥에 가두어라."

친구들, 아기의 진짜 엄마를 찾게 되었어요. 정말 훌륭한 왕이지요. (*다 함께 박수!)

"이봐, 저 왕 이름이 뭐지? 어떻게 저렇게 똑똑하지?"

"자네는 왕 이름도 모르나? 솔로몬이잖아. 솔로몬 왕이 저렇게 훌륭한 것은 하나님께서 왕에게 지혜를 주셨기 때문이야. 지혜! 알겠어?"

"하나님! 저는 이스라엘의 왕이 되었습니다. 아버지 다윗 왕이 죽고 이제 제가 이 나라를 다스리게 되었습니다. 하나님! 도와주세요."

이스라엘의 3대 왕이 된 솔로몬이 하나님께 기도하고 있네요. (*기도하는 그림/사진을 보여준다) 솔로몬은 이스라엘의 지도자들과 기브온에 가서 예배를 드렸어요. 솔로몬 왕은 하나님께 일천번제의 예배를 드렸어요. 대단한 정성과 믿음이지요.

그날 밤이었어요. 솔로몬 왕이 잠을 자는데 하나님께서 꿈에 찾아오셨어요.

"사랑하는 솔로몬아! 네가 이제 왕이 되었는데 내가 너에게 뭘 해줄까? 소원을 말해보아라. 내가 다 허락하겠다."

"하나님, 정말 기도를 들어주시나요?"

친구들, 하나님이 소원을 들어주신다면 친구들은 무엇을 말씀드리고 싶어요?

"하나님! 저는 힘도 없고 똑똑하지도 않아요. 부족함이 많은 왕이에요. 이스라엘 백성들은 사람이 너무 많아요. 이 많은 사람을 어떻게 도와주지요? 만약에 사람들이 서로 싸우거나, 또 어려운 문제가 있어서 저에게 찾아오면 어떻게 해야 되죠? 그래서 하나님, 저에게 '듣는 마음'을 주세요. 하나님의 말씀을 잘 듣고 또한 백성들의 이야기를 잘 듣고 판결을 내리는 왕이 되고 싶어요."

"솔로몬, 너 지금 뭐라고 말했니?"

"하나님, 저는 지혜로운 사람이 되고 싶어요. 송사를 듣고 분별할 수 있는 지혜를 주세요. 하나님의 백성들을 잘 도와주고 싶어요."

솔로몬이 하나님께 지혜를 달라고 했을 때 하나님은 참 기뻐하셨어요. 하나님 마음에 드는 기도를 했기 때문이에요.

"솔로몬아, 너의 기도가 내 마음에 쏙 들었어. 내 마음에 딱 맞았어. 내가 너를 이 세상에서 가장 지혜로운 사람이 되게 해줄게."

"하나님, 기도를 들어주셔서 고맙습니다. 저는 이제 잘게요."

지혜를 받은 솔로몬은 하나님께 인사를 하고 잠을 더 자려고 했어요. 그때였어요.

"솔로몬아! 잠시만 기다려봐!"

"왜요? 하나님."

"내가 너에게 지혜 말고도 건강을 줄게. 부자가 되게 해줄게. 그리고 나의 말을 잘 지키면 오래 살게 되는 복을 줄게."

"예? 저에게 건강도 주시고, 부자 되게 해주시며, 장수의 복을 주신다고요? 지혜를 주신 것도 너무 좋은데요."

친구들, 하나님 마음에 딱 드는 기도를 한 솔로몬에게 하나님은 많은 선물을 주셨어요. 와! 하나님께 박수!

하나님은 어떤 분인가요? 하나님은 우리의 기도를 들으셔요. 우리에게 좋은 것을 주시는 좋으신 아버지이십니다. 하나님의 뜻에 맞기만 하면 언제나 복을 주셔요.

솔로몬은 어떤 사람인가요? 솔로몬은 "하나님, 돈을 많이 주세요, 건강하게 해주세요, 전쟁에서 이기도록 해주세요"라고 기도하지 않았어요. 하나님께 무엇을 달라고 했어요? 듣는 마음입니다. 지혜입니다. 하나님의 지혜를 받아 많은 사람을 돕는 사람이 되게 해달라고 기도했어요.

3. 마음을 다지며 삶 속으로

어린이 여러분, 목사님을 따라서 말해보아요.
"하나님 마음에 딱 드는 사람!"
하나님 마음에 딱 드는 사람은 기도가 달라요. 여러분의 기도 제목과 솔로몬의 기도 제목을 비교해보세요. 하나님 마음에 딱 들면 어떻게 될까요? 하나님이 지혜를 주시고, 건강하게 하시며, 하나님이 기뻐하시는 꿈을 이루어주셔요. 하나님이 나를 아껴주시고 사랑해주셔요.

친구들, 하나님 마음에 딱 들려면 어떻게 해야 할까요? 먼저 하나님이 무엇을 기뻐하시는지 생각해야 해요. 그리고 성경 말씀을 가까이해야 해요. 예수님은 언제나 하나님의 마음을 생각했어요. 예수님은 하나님의 뜻을 이루기 위해 기도하셨어요. 우리는 성경 말씀을 통해 하나님을 알아갈 수 있어요. 내 소원보다 하나님의 소원을 먼저 생각하고 기도해보세요. 솔로몬처럼 남을 생각하고 남을 돕는 사람이 되세요.

친구들은 솔로몬 왕처럼 하나님 마음에 딱 드는 사람인가요? 하나님께서 이 시간 친구들에게 "너의 소원을 말해보아라"고 하시면 뭐라고 기도할래요? 목사님이 다음의 말을 하면 친구들은 "하나님 마음에 딱 들고 싶어요!"라고 크게 외쳐주세요.

학교에서! (하나님 마음에 딱 들고 싶어요!)

교회에서! (하나님 마음에 딱 들고 싶어요!)

집에서! (하나님 마음에 딱 들고 싶어요!)

찬양할 때! (하나님 마음에 딱 들고 싶어요!)

기도할 때! (하나님 마음에 딱 들고 싶어요!)

무엇을 하든지 하나님 마음에 드는 친구가 되어 하나님이 주시는 지혜와 재능을 가지고 세상을 변화시키는 멋진 친구들이 되기를 예수님의 이름으로 축복합니다.

다 함께 기도해요

전능하신 하나님, 하나님 마음에 합한 기도를 하고 싶어요. 하나님 마음에 딱 드는 사람이 되어, 하나님이 주시는 복으로 많은 사람을 행복하게 하며 살도록 도와주세요. 예수님의 이름으로 기도합니다. 아멘.

S·E·R·M·O·N 04

요나

: 나 한 사람 때문에

- ▶ 설교 제목 : 나 한 사람 때문에
- ▶ 성경 본문 : 요나 1:1-17
- ▶ 핵심 말씀 : 요나 1:3
  그러나 요나가 여호와의 얼굴을 피하려고 일어나 다시스로 도망하려 하여 욥바로 내려갔더니 마침 다시스로 가는 배를 만난지라
- ▶ 참고 말씀 : 요나 1:12
  그가 대답하되 나를 들어 바다에 던지라 그리하면 바다가 너희를 위하여 잔잔하리라 너희가 이 큰 폭풍을 만난 것이 나 때문인 줄을 내가 아노라 하니라
- ▶ 설교 키워드 : 사명, 순종, 한 사람
- ▶ 설교 목표 : 하나님 말씀에 순종하고 사명을 감당하는 한 사람 때문에 많은 사람이 영향을 받는다는 것을 알고, 축복의 통로로 살도록 한다.

1. 마음의 문을 열며

친구들, 한국 전쟁이 몇 년도에 일어났는지 아세요? 네, 맞아요. 1950년입니다. 그런데 중학생, 고등학생 형, 언니들 10명 중에 5명이 한국 전쟁이 몇 년도에 일어났는지를 모른다고 해요. 그리고 심지어 한국 전쟁이 남침인지, 북침인지 잘 모르겠다는 사람도 많이 있다고 해요. 안타까운 마음이 들어요.

친구들, 지금 북한은 어떤 곳인가요? 일반 서민들은 굶어 죽어 가는데 북한 정권은 천문학적인 돈을 들여 무서운 무기를 만들고 있어요. 북한 사람들은 불쌍하고 북한 정권은 정말 악한 사람들이 모여 있는 것 같아요.

친구들, 만일 지금 우리 친구들 중에서 누군가 한 명이 북한에 가야 한다면 어떨까요? 만일 북한에 가서 "무기를 만들지 말고 백성들을 잘 돌보세요!" 이렇게 말하는 일을 맡았다고 상상해봅시다. 자신 있게 갈 수 있는 친구가 있다면 손들어보세요.

성경 속으로 다 함께 Go! Go! (＊다 함께 외친다)

2. 성경 속으로

여기는 사람이 많이 모여 있는 큰 도시예요. (＊멋진 도시 그림/

사진을 보여준다)

이 사람들은 어떤 사람들인가요?

"야, 너 이리 와."

"아저씨, 왜 그러세요?"

"야, 돈 가진 거 있으면 다 내놔."

"안 돼요. 이 돈으로 우리 엄마 약 사야 해요."

"약은 무슨 약? 이리 내놔."

"안 돼요. 으앙~"

"히히~ 이것으로 술 사 먹어야지."

이 도시 사람들은 다른 사람을 괴롭히고 못살게 굴었어요.

"비나이다. 비나이다. 태양신이여! 우리에게 생명을 주셔서 감사합니다. 우리 제사를 받아주소서!"

천지를 창조하시고 사람을 만드신 하나님께만 절을 해야 하는데 이 사람들은 우상에게 절하고 제사하는 사람들이었어요. 이 사람들은 누구인가요? 앗수르 나라의 니느웨 성 사람들이에요. 하나님은 사람들이 죄짓는 것을 다 보고 계셨어요. 하나님은 심판하기로 하셨어요. 그런데 심판하기 전에 먼저 요나 선지자를 니느웨로 보내기로 하셨어요. 요나는 여로보암 왕 2세 시대의 선지자입니다.

"요나야!"

"예, 하나님."

"니느웨 성으로 가서 그 성을 향해 외쳐라. 그들이 죄를 너무 많이 지었다."

"예, 하나님. 알겠습니다."

"너는 반드시 니느웨로 가야 한다!"

친구들, 하나님의 명령을 받은 요나는 니느웨로 가기 싫었어요. 니느웨로 가는 것은 마치 우리가 북한에 가는 것과 같아요. 요나는 하나님을 피해서 다시스로 도망가려고 했어요. 니느웨가 저 위쪽에 있다면 다시스는 반대쪽 아주 먼 곳에 있었어요. (*니느웨가 표시된 지도 그림/사진을 보여준다)

요나는 하나님의 말씀을 듣지 않고 도망가고 있어요. 하나님의 말씀을 전하는 일을 하는 선지자가 하나님의 말씀에 불순종하네요. 도망치면 하나님이 따라오지 못할까요? 하나님은 요나가 어디로 도망가려는지 다 알고 계셨어요.

친구들, 우리도 요나처럼 하나님 말씀을 듣기 싫어서 도망친 적이 없나요? 도망치는 게 무엇일까요? 하나님을 잊어버리는 거예요. 내 마음대로 살아가는 거예요. 예수님의 제자로 살지 않는 거예요.

다시스로 가기 위해서는 배를 탈 수 있는 항구가 있는 욥바로 가야 했어요. 욥바에 가니 마침 다시스로 가는 배가 부둣가에 정박해 있었어요.

"부웅부웅~ 자, 다시스로 떠나는 마지막 배입니다. 다시스로 갈 사람은 빨리 타십시오. 출발합니다."

"OK! 이 배를 타자. 난 하나님 말씀대로 하지 않을 거야. 내가 왜 그 먼 니느웨로 가서 이스라엘의 원수들에게 하나님의 말씀을 전해야 하지? 싫어. 다시스로 여행을 떠나자! 야호, 신난다."

"선장님, 우리 신나게 달려봅시다. 야호!"

"뭐가 그리 좋습니까? 내가 선장으로 이 바다에서 잔뼈가 굵은 사람이지만 바다에서는 어떤 일이 일어날지 장담할 수 없어요. 자리에 꼭 앉아 계세요."

배를 탄 요나는 너무 피곤해서 배 밑창으로 내려가 잠을 잤어요.

"쿨쿨~"

잠을 자고 있는데 밖에서 사람들이 큰소리로 얘기하는 것이 들렸어요. 그리고 배가 흔들렸어요.

"선장님, 선장님!"

"왜 그러느냐?"

"큰일 났습니다. 지금 밖에서 큰바람이 불고 비가 내리고 있는데 배가 뒤집힐 것 같습니다."

"뭐야? 어디 보자. 아니, 이런 바람은 처음인데…." (＊큰 파도 그림/사진을 보여준다)

"손님 여러분, 제 말을 잘 들으세요. 여러분이 가진 짐을 빨리 바다에 던지십시오. 아까워도 지금 당장 버리셔야 합니다."

"엄마, 이것도 버려야 해?"

"그래. 빨리 던져!"

친구들, 배를 가볍게 하려고 물건을 바다에 던졌지만 파도가 높게 일고 배가 부서질 지경이었어요.

"여러분! 여러분이 믿는 신에게 도와달라고 기도하세요."

파도가 점점 더 세지고 바람이 세게 불었어요. 배 안에 타고 있는 사람들은 태풍 가운데에서 살려달라고 자기가 믿는 신에게 기도했어요. 친구들, 하필 다시스로 가는 배가 있는 바다에 이렇게 무시무시한 태풍이 불었을까요? 이 태풍은 누가 보내었을까요? 하나님입니다. 하나님이 보낸 태풍은 정확하게 요나가 어디 있는지 알고 요나를 추격해왔어요.

"태풍아!"

"예, 하나님!"

"내 말을 듣지 않고 도망가고 있는 요나를 따라가라!"

"예, 하나님!"

"선장님, 지금 배 밑에서 쿨쿨 잠자는 사람이 있습니다." (*잠을 자는 요나의 그림/사진을 보여준다)

"뭐야? 지금 사람들이 다 죽어 가는데 잠을 자고 있다고?"

친구들, 누구예요? 모든 사람이 심각한 사태라는 것을 알고 걱정하고 있는데 한 사람만 모르고 있어요. 요나입니다. 사람들은 누구 때문에 이런 무서운 일이 일어났는지 알고자 제비를 뽑기로 했어요. 당연히 제비는 누가 뽑혔을까요?

두구두구~ 요나입니다.

"당신은 뭐 하는 사람이요? 당신 때문에 우리가 다 죽게 생겼어요. 무슨 일을 저질렀어요? 거짓말했어요? 돈을 훔쳤어요? 설마… 하나님 말씀을 안 들은 것은 아니겠지요?"

"저는 히브리 사람 요나입니다. 바다와 육지를 지으신 여호와 하나님을 믿는 사람입니다. 하나님의 말씀을 듣기 싫어 다시스로 가는 배를 타고 도망치고 있었습니다. 저도 이렇게 될 줄 몰랐습니다. 흑흑흑~"

"뭐요? 하나님 말씀을 듣지 않았다고요? 도망치고 있다고요? 이보시오. 당신 한 사람 때문에 우리가 다 죽게 생겼어요. 어떻게 해요?"

"선장님, 저를 바다에 던져 넣으세요. 그러면 바다가 잔잔해질 것입니다. 저 때문에… 저 때문에 큰 폭풍이 왔습니다. 하나님은 한번 결정하면 하시는 분입니다."

친구들, 요나가 자기 잘못을 뉘우치고 있어요. 자기 때문에 죽게 된 것을 알고 자기를 바다에 빠트리라고 하고 있어요.

"그래도 어떻게 살아 있는 사람을 바다에 던지겠습니까? 다 함께 힘을 합쳐서 노를 저어 봅시다. 저 육지까지만 가면 살 수 있을 것이니 노를 저읍시다."

"영차, 영차!"

"도저히 안 되겠어요. 선장님, 노가 다 부러지고, 이제 정말 배가 바다에 침몰할지도 모르겠어요."

"여러분, 걱정하지 말고 빨리 저를 바다에 던지세요!"

"하나님, 우리는 아무 잘못이 없습니다. 하나님 뜻대로 하세요. 요나를 바다에 던질게요."

"하나, 둘, 셋! (*바다에 던지는 시늉) 에이~"

"풍덩!"

친구들, 요나는 바닷속으로 빠져들어 갔어요. 그런데 요나가 바다에 빠지는 순간 파도가 어떻게 되었을까요? 잔잔해졌어요. 태풍이 없어지고 바다가 잔잔해졌어요. 이 모습을 보고 배에 타고 있던 많은 사람이 벌벌 떨면서 하나님을 인정하게 되었어요.

요나는 죽었나요? 살았나요? 요나는 깊은 바닷속으로 빠졌는데 죽지 않았어요. 하나님께서 죄를 뉘우친 요나를 불쌍히 보시고 큰 물고기를 보내셨어요. 물고기가 바다에 빠진 요나를 삼켜서 요나는 큰 물고기의 배 속에 들어가게 되었어요.

3. 마음을 다지며 삶 속으로

어린이 여러분, 요나처럼 내가 순종하기 싫은 하나님의 말씀은 무엇인가요? 하나님은 태풍을 보내서라도 내가 하나님의 말씀에 순종하도록 훈련하셔요. 하나님은 어떤 분인가요? 마음대로 살기 위해 도망칠 때 우리가 순종의 사람이 되도록 하나님은 끝까지 찾아오셔요. 그러나 "하나님 말씀이 좋아요. 하나님께서 나에게 맡긴 일 잘할게요." 이렇게 순종하면 내가 복을 받고 다른 사람도 행복하게 되어요.

친구들, 어떤 사람이 되고 싶나요? 요나 때문에 배 안에 있는 사람들이 고통을 받았어요. 예수님은 하나님께 항상 순종하셨어요. 예수님의 순종으로 우리가 구원받았어요. 우리도 예수님처럼 순종의 사람이 되어요. 말씀에 순종하는 여러분 한 사람 때문에, 우리의 가정과 나라와 교회에 하나님이 복 주시길 기도합니다.

가정과 학교와 교회에서 하나님이 맡겨주신 사명을 잘 감당할 때 하나님이 기뻐하시고 영향력을 끼치는 인물이 될 거예요. 축복의 통로로 살아가는 친구들이 되기를 목사님이 기도하고 응원합니다.

목사님을 따라서 외쳐주세요. "나 한 사람 때문에!"

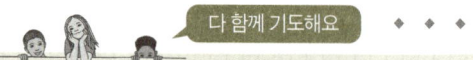
다 함께 기도해요

순종을 기뻐하시는 하나님, 하나님의 말씀에 순종하는 나 한 사람 때문에 모든 사람이 복을 받는 축복의 통로가 되도록 저를 사용해주세요. 예수님의 이름으로 기도합니다. 아멘.

SERMON 05

베드로
: 말씀의 능력을 믿는 어린이

- ▶ **설교 제목** : 말씀의 능력을 믿는 어린이
- ▶ **성경 본문** : 누가복음 5:1-11
- ▶ **핵심 말씀** : 누가복음 5:4-5
  말씀을 마치시고 시몬에게 이르시되 깊은 데로 가서 그물을 내려 고기를 잡으라 시몬이 대답하여 이르되 선생님 우리들이 밤이 새도록 수고하였으되 잡은 것이 없지마는 말씀에 의지하여 내가 그물을 내리리이다 하고
- ▶ **참고 말씀** : 마가복음 9:23
  예수께서 이르시되 할 수 있거든이 무슨 말이냐 믿는 자에게는 능히 하지 못할 일이 없느니라 하시니
- ▶ **설교 키워드** : 말씀의 능력, 믿음, 기적
- ▶ **설교 목표** : 빈 배를 물고기로 채우시는 하나님의 아들이신 예수님의 말씀의 능력을 믿고, 기적을 체험하는 삶을 살아가도록 한다.

1. 마음의 문을 열며

"시몬!"

"왜 그래? 야고보."

"요즘 우리 동네에 특별한 사람이 나타났다는데 알고 있어?"

"특별한 사람? 나는 처음 듣는 얘기인데 자세히 말해봐."

"자네들, 그물을 손질해야 바다에 나가서 고기를 잡지. 지금 일 안 하고 무슨 잡담이나 하고 있어?"

"네, 열심히 하겠습니다."

(＊작은 목소리로 말한다) "예수란 사람이 있는데, 왜 우리 집 옆에 귀신이 들려서 미친 사람 있잖아? 예수가 그 미친 사람을 위해 기도하니까…."

"기도하니까 더 미쳐버렸대?"

"아니, 그 사람이 나았어."

"정말이야?"

"그래. 내 눈으로 똑똑히 보았어."

"자네들, 계속 그렇게 떠들려면 일하지 말고 집에 가!"

"네? 집에 가라고요? 고맙습니다. 아니, 고마운 게 아니지 고기를 열심히 잡아야 돈을 벌지. 열심히 하겠습니다. 평생 고기나 잡으며 살려니 너무 힘들다."

오늘 성경에서 놀라운 기적이 일어납니다. 기적의 주인공이 누구일까요?

성경 속으로 다 함께 Go! Go! (＊다 함께 외친다)

2. 성경 속으로

친구들, 시몬과 야고보와 요한은 갈릴리 호숫가에서 고기 잡는 어부였어요. 고기를 팔아서 돈을 벌어 살아가는 사람들이었어요. 어느 날, 갈릴리 호숫가에 아침 일찍부터 사람들이 몰려들기 시작했어요.

"꼬마야, 여기 호숫가에 무슨 일이 있니? 사람이 왜 이렇게 많이 모여 있어?"

"여기서 하나님의 아들 예수님이 하나님의 말씀을 가르쳐주시고 몸이 아픈 사람을 고쳐주세요. 예수님 정말 대단하지요?"

"예수? 그렇구나. 나는 고기를 잡아야 하니까 그물이나 손질하러 가야겠다."

많은 사람이 예수님께 모여들기 시작했어요.

"저기요. 밀지 마세요. 나도 예수님을 가까이서 보고 싶다고요. 밀지 마세요. 예수님이 다치잖아요."

사람들이 많이 모여서 예수님이 하나님의 말씀을 전할 수가 없었어요. 예수님은 호숫가에 배가 있는 것을 보고 배 쪽으로 가셨어요. 배를 호숫가에 띄우고 육지 쪽을 보며 설교를 시작했어요. 친구들, 예수님이 설교하려고 올라타신 배는 누구의 배일까요? 시몬 베드로의 배였어요. 예수님은 설교를 마치시고 시몬에게 다가오더니 말씀하셨어요.

"시몬, 고기를 좀 잡았느냐?"

"네? 아니요…."

"시몬, 하고 싶은 말이 있어. 깊은 데로 가서 그물을 던져서 고기를 잡아라!"

"예수님, 지금 뭐라고 하셨어요?" 베드로는 웃기 시작했어요.

"아니, 예수님. 예수님이 바다에 대해서 뭘 아세요? 고기 잡는 거 아세요? 예수님이 아는 고기 이름 말씀해보세요."

친구들, 베드로의 말이 맞는지도 몰라요. 왜냐하면 예수님의 직업은 바다와 상관없는 일이었기 때문이에요. 예수님은 목수였어요. 그런데 예수님이 베드로에게 고기를 많이 잡으려면 깊은 바다로 가서 그물을 던지라고 말씀하시는 거예요. 황당하지요? 도대체 예수님은 어떤 분일까요? 베드로는 어이없다는 표정을 지었지만 마음속으로 생각했어요.

'예수님은 뭔가 다른 분이야. 예수님의 말씀은 사람이 하는 말과 달라. 예수님의 말씀대로 해볼까? 아니야! 바다에 고기가 많은지 목수가 어떻게 알지?'

"그래도 예수님의 말씀대로 해보자."

베드로는 마음에 결정을 내렸어요.

"예수님, 사실 어젯밤에 고기를 잡으려고 바다에 나갔어요. 밤에 잠도 안 자고 고기를 잡으려고 노력했지만 고기를… 고기를… 한 마리도 못 잡았습니다. 팔만 아팠어요. 흑흑흑. 하지만 예수님의 말씀을 믿고 말씀대로 깊은 데로 가서 그물을 던지겠습니다. 예수님의 말씀을 믿어 볼게요!"

친구들, 이 세상에 있는 어려움 중에서 예수님이 해결하지 못할 일은 하나도 없어요. 우주의 왕이신 예수님은 모든 것을 아시고, 모든 것을 하실 수 있는 하나님의 아들이에요. 예수님은 모든 일에 전문가입니다.

베드로는 배를 이끌고 깊은 데로 갔어요. 그리고 '예수님의 말씀대로' 그물을 던졌어요. 친구들, 어떻게 되었을까요? 놀라운 일이 일어났어요. 베드로가 그물을 건져 올리는데 장난이 아니었어요. 원래 어부는 힘이 센 사람이거든요. 그물을 배에다 끌어올리자마자 그렇게 큰 그물이 다 찢어졌어요. 그물이 다 찢어질 정도로 배에 고기가 가득 찼어요. 배가 가라앉을지도 모를 지경이었어요. (*배에 가득 찬 물고기 그림/사진을 보여준다)

"야고보와 요한, 빨리 와서 도와줘."

동업자인 야고보와 요한이 배를 가지고 와서 자기들의 배에도 나눠 실었어요. 두 배에 가득하게 고기가 잡혔어요.

"우와~ 이렇게 많은 고기를 잡기는 생전 처음이야. 이것이 꿈이야 생시야?"

베드로는 엄청난 고기를 가지고 호숫가에 도착했어요. 배가 도착하자마자 베드로는 예수님께로 갔어요. 그리고 예수님 앞에 가서 엎드렸어요. 친구들, 훌륭한 사람을 만나면 사람들은 인사를 해요. "존경합니다." 어떤 사람은 무릎을 꿇기도 해요. "저를 제자로 받아주세요." 그런데 베드로는 예수님 앞에서 엎드렸어요.

"예수님, 왜 저를 찾아오셨습니까? 저를 떠나세요. 저는 죄인입니다."

친구들, 목사님을 따라서 말해보세요.

"예수님, 나를 떠나세요. 나는 죄인입니다."

친구들, 바닷속에 물고기가 어디 있는지 아시는 예수님은 베드로 마음의 생각과 모든 것을 알고 계셔요. 베드로의 마음만이 아니에요. 지금 목사님과 친구들의 마음과 생각도 예수님은 다 아셔요. 베드로는 예수님 앞에 엎드려 자기가 죄인인 것을 고백했어요. 이 말은 베드로가 지금까지 자기가 왕이고 주인인 줄 알았는데 예수님이 왕이고 주인이신 것을 인정하는 말이에요.

"나는 예수님께 항복합니다. 예수님 없이는 못 살아요."

친구들, 예수님이 어떤 분이신지 알게 되면 베드로처럼 예수님께 항복해야 해요. 예수님을 주인으로 믿어야 해요. 예수님께 나를 구원해달라고 말씀드려야 해요. 예수님은 베드로의 손을 잡고 몸을 일으키셨어요.

"베드로야, 무서워하지 말라. 너는 나의 특별한 일꾼이 될 거야. 너는 앞으로 바다에서 물고기를 잡는 바다의 어부가 아니라 사람들을 나에게로 인도하는 천국의 어부가 될 거야."

베드로와 함께 이것을 지켜본 야고보와 요한도 배와 그물과 고기를 버려두고 예수님을 따라갔어요. 많은 물고기보다 예수님이 더 소중한 분이란 것을 알게 되었어요. 예수님의 제자가 되었답니다.

3. 마음을 다지며 삶 속으로

어린이 여러분, 예수님을 만났나요? 예수님 말씀의 능력을 믿나요? 예수님의 말씀은 능력이 있어요. 빈 배에 많은 물고기를 채우는 기적이 일어나게 하셨어요. 예수님 말씀에 순종한 베드로는 많은 고기를 잡았어요. 베드로는 자기 생각을 버리고 예수님의 말씀을 따랐을 때 축복을 받았어요. 예수님의 말씀을 믿고 말씀대로 살아가는 친구들이 되길 바랍니다.

예수님을 믿는다는 것은 곧 예수님의 말씀을 믿는 거예요. 성경을 통해, 목사님의 설교를 통해 말씀을 읽고, 듣고, 묵상하며, 공부하고, 실천하는 친구들이 되기를 바랍니다.

친구들, 예수님은 어떤 분인가요? 예수님은 모든 것을 아시고 모든 것을 하실 수 있어요. 오늘부터 예수님에 대한 생각을 바꾸길 바랍니다. 예수님의 말씀대로 순종하면 친구들의 삶에 놀라운 일이 일어납니다. 예수님의 말씀대로 매일 기적을 체험하여 하나님께 영광을 돌리는 친구들이 되기를 바랍니다.

 다 함께 기도해요

전능하신 하나님, 말씀의 능력을 믿고 순종하여 하나님의 살아계심을 체험하는 말씀의 사람이 되게 해주세요. 예수님의 이름으로 기도합니다. 아멘.

> 친구들, 하나님 마음에 딱 들려면 어떻게 해야 할까요?
> 먼저 하나님이 무엇을 기뻐하시는지 생각해야 해요.
> 그리고 성경 말씀을 가까이해야 해요. 예수님은 언제나 하나님의 마음을
> 생각했어요. 예수님은 하나님의 뜻을 이루기 위해 기도하셨어요.
> 우리는 성경 말씀을 통해 하나님을 알아갈 수 있어요.
> 내 소원보다 하나님의 소원을 먼저 생각하고 기도해보세요.
> 솔로몬처럼 남을 생각하고 남을 돕는 사람이 되세요.

SECTION 3

어린이 설교의 실제 II
_교회절기 설교

: 교회절기 설교를 통해 교회를 배운다

• • • • •

S·E·R·M·O·N·01

친구 초청주일

: 천국 KTX를 타세요!

- ▶ 설교 제목 : 천국 KTX를 타세요!
- ▶ 성경 본문 : 요한복음 3:16, 이사야 49:15
- ▶ 핵심 말씀 : 요한복음 3:16
  하나님이 세상을 이처럼 사랑하사 독생자를 주셨으니 이는 그를 믿는 자마다 멸망하지 않고 영생을 얻게 하려 하심이라
- ▶ 참고 말씀 : 사도행전 16:31
  이르되 주 예수를 믿으라 그리하면 너와 네 집이 구원을 받으리라 하고
- ▶ 설교 키워드 : 전도, 구원, 천국
- ▶ 설교 목표 : 친구 초청 주일을 맞아 예수님을 모르는 친구들에게 하나님의 사랑과 복음을 전해 구원으로 초청하도록 한다.

1. 마음의 문을 열며

친구들, 안녕하세요? 목사님이 친구들에게 특별한 선물을 준다면 어떤 선물을 받고 싶으세요? 오늘 생일 맞은 친구 있나요? 앞으로 나와 보세요. (＊생일 맞은 친구에게 작은 선물을 전달한다)

지금 보는 사진은 무슨 사진인가요? 네, 과자가 가득 들어 있는 종합 선물세트입니다. (＊종합 선물세트 그림/사진을 보여준다) 목사님이 어릴 때 부모님께 많이 받았던 선물입니다. 여러 가지 맛있는 과자가 가득 들어 있는 선물 상자입니다.

내가 받고 싶은 많은 선물 중에서 우리 친구들이 꼭 받아야 할 선물은 무엇일까요? '하나님의 선물' 입니다. 목사님을 따라서 말해 봅니다. "하나님의 선물!" 하나님이 주시는 선물 중에서 최고의 선물은 천국 영생의 선물인데 이 시간 천국 영생의 선물 받기를 축복합니다.

성경 속으로 다 함께 Go! Go! (＊다 함께 외친다)

2. 성경 속으로

친구들, KTX 기차를 타보았나요? (＊KTX 그림/사진을 보여준다) KTX는 정말 편리하고 목적지까지 빨리 갑니다. 목사님이 대구에 살 때 대구에서 서울까지 1시간 40분 만에 도착했어요. KTX가 없을 때는 대구에서 서울까지 4시간이 넘게 걸렸어요.

친구들, 우리는 KTX 기차를 떠올리면서 천국 KTX를 생각하게 됩니다. 천국으로 가는 특급 열차가 있어요. 하나님이 만드신 천국으로 가는 천국 KTX를 타고 싶으세요? 이 천국 KTX를 어떻게 하면 탈 수 있을까요?

사람들은 "천국이 뭐가 중요해? 지금 여기 살아있을 때 돈 많이 벌고 좋은 집에 살고, 하고 싶은 대로 하면서 살면 되지?"라고 말합니다. 그런데 지금 여기서 아무리 잘살아도 이 세상이 끝나고 나중에 천국에 못 가면 그것만큼 불행한 것이 없어요.

마태복음 16장 26절을 다 함께 읽어보아요.
"사람이 만일 온 천하를 얻고도 자기 목숨을 잃으면 무엇이 유익하리요."

모든 사람은 죽습니다. '세계 사망 시계'라는 것이 있는데 이 시계를 보면 전 세계에서 1분에 106명이 죽고, 1시간에 6천3백 명이 죽고, 하루에 15만 명이 죽고, 한 달에 4백60만 명이 죽고, 1년에 5천6백만 명이 죽어요. 죽음에는 차별이 없어요. 죽음은 예고하지 않고 찾아와요.

히브리서 9장 27절을 다 함께 읽어보아요.

"한번 죽는 것은 사람에게 정해진 것이요 그 후에는 심판이 있으리니."

사람이 죽으면 귀신이 되어 이 세상을 떠도는 게 아닙니다. 몸을 떠난 영혼은 천국으로 가거나 지옥으로 갑니다. 지옥은 너무 무섭고 고통스러운 곳입니다. 하지만 예수님을 믿는 사람의 영혼은 육체를 떠나는 순간 천국에서 영생을 누리게 됩니다.

친구들, 예수님은 오늘 우리를 '초청'하십니다. 여러분이 교회 오고 싶다고 해서 온 것이 아닙니다. 하나님이 선택하시고 불러주신 거예요. 예수님은 우리에게 지옥으로 가는 기차 말고 천국으로 가는 천국 KTX를 타라고 초대하십니다. 천국행 기차를 어떻게 탈 수 있을까요?

천국행 기차를 타려고 하니 문제가 있어요. 이 문제는 우리 힘으로 해결할 수 없어요. 그것은 하나님과 우리 사람 사이에 건너갈 수 없는 강이 있기 때문입니다. 사람이 죄를 지어서 하나님과 사람 사이에 도무지 넘지 못할 구렁텅이가 생겼습니다. 죄인은 하나님께로 갈 수 없습니다.

친구들, 여기에 여러분과 목사님이 이 세상에서 살아온 인생을 아주 상세히 기록해 둔 책이 있다고 생각해보세요. (*책 그림/사진을 보여준다) 여기에는 우리가 태어나서 지금까지 지은 모든 죄, 모든 생각, 우리가 한 모든 말과 모든 행위가 적혀 있습니다. 언젠가 이 책이 하나님 앞에 펼쳐지고 우리가 행한 대로 심판을 받게 될 거예요. 이 책에 기록된 우리의 죄가 문제입니다. 죄가 있으면 천국 기차를 탈 수 없습니다. 세상의 모든 사람은 다 죄인입니다. 거짓말을 해도 죄인, 욕심을 부려도 죄인, 미워해도 죄인, 시기해도 죄인입니다. 사람은 죄를 지어서 죄인이 아니라, 죄인으로 태어나기 때문에 죄인입니다. 겉으로 괜찮아 보여도 죄인입니다.

친구들, 여기 멋진 차가 있어요. 엄청나게 비싼 스포츠카입니다. (*스포츠카 그림/사진을 보여준다) 그런데 이 차에 엔진이 없다고 생각해보세요. 엔진이 없다면 차는 쓸모가 없습니다. 마찬가지로 우리 사람은 죄로 인해 고장 나 있고 문제가 있어요. 사람들은 돈이 많아야 되고, 얼굴이 잘생겨야 하고, 공부를 잘해야 복을 받았다고 하는데 죄인은 죄를 없애야 복을 받은 것입니다. 죄가 없어야 천국에 갈 수 있습니다. 용서받아야 천국이 마음에 임하게 되어요.

친구들, 죄를 없앨 수 있는 길은 우리 죄를 위해 죽으신 예수님을 믿는 것에 있어요. 하나님이 하신 일이 무엇입니까? 예수님을 믿으면 천국 KTX를 탈 수 있게 하신 것입니다. 예수님은 어떤 분인가요? 하나님과 우리 사람을 연결하는 다리이고 천국 KTX가 되셔요. 그렇다면 어떻게 하면 천국 KTX를 탈 수 있을까요?

요한복음 3장 16절을 다 함께 읽어보아요.
"하나님이 세상을 이처럼 사랑하사 독생자를 주셨으니 이는 그를 믿는 자마다 멸망하지 않고 영생을 얻게 하려 하심이라."

예수님이 나의 죄를 없애기 위해 죽으시고, 다시 살아나신 것을 믿으면 용서받고 천국 기차를 타게 됩니다. 예수님은 우리 대신에 십자가에 못 박혀 피 흘려 죽으시고, 우리를 천국으로 데려가셔요. 우리 마음에 천국을 선물로 주셔요.

친구들, 아기를 낳은 엄마는 자기 자녀를 정말 사랑해요. 엄마의 사랑이 보통 큰 사랑이 아니에요. 어떤 나라에 큰 대지진이 일어났어요. (*지진 그림/사진을 보여준다) 지진으로 무너진 건물 속에 어떤 엄마와 아이가 갇히게 되었어요. 날씨는 몹시 추웠고 먹을 것은 하나도 없었어요. 다행히 엄마는 숨을 쉬게 되었고, 눈을 떠서 보니 저쪽에 아이가 있었어요. 아이는 목이 마르고 배가 고파서 계속 울었어요. 엄마는 자기 아이가 죽으면 안 되니까 어떻게 했을까요? 유리 조각을 가지고 자기 손가락을 찔러서 아이에게 물렸어요. 물이 없으니까 피라도 먹게 했습니다. 엄마는 손가락을 또 찌르고 찔러서 계속 피를 주어 아기가 죽지 않게 했어요. 엄마와 아기가 며칠 뒤에 기적적으로 구조되었는데 엄마의 손가락은 완전 피투성이였어요. 이것이 엄마의 사랑입니다.

친구들, 부모는 원래 자식을 버릴 수 없어요. 그런데 혹시 부모가 자식을 버릴지라도 하나님은 결코 우리를 버리지 않습니다. 하나님의 사랑은 어머니의 사랑보다 더 크기 때문입니다. 하나님의 사랑은 이 세상에 있는 그 어떤 사랑과 비교할 수 없어요.

이사야 49장 15절을 다 함께 읽어보아요.
"여인이 어찌 그 젖 먹는 자식을 잊겠으며 자기 태에서 태어난 아들을 긍휼히 여기지 않겠느냐. 그들은 혹시 잊을지라도 나는 너를 잊지 아니할 것이라."

3. 마음을 다지며 삶 속으로

어린이 여러분, 하나님은 오늘 교회에 온 친구들을 사랑하십니다. 한 명 한 명 다 알고 계셔요. 이름을 아시고, 성격을 아시고, 고민을 알고 계셔요. 사랑의 하나님께서 친구들을 천국 KTX에 타게 하시려고 초청하십니다.

친구들, 예수님은 우리의 구원자입니다. 우리의 영원한 친구가 되셔요. 착한 일을 많이 한다고, 공부를 잘한다고, 거짓말을 안 한다고 천국에 가는 게 아니에요. 오직 예수님을 믿는 믿음으로 천국 KTX를 탈 수 있어요. 죄 용서받지 않고 천국 KTX도 못 타는데, 공부 잘하고, 게임 잘하고, 태권도 잘하고, 이런 게 의미가 없어요.

창조주 하나님을 만나야 행복합니다. 구원자 예수님을 내 마음에 주인으로 모시길 바랍니다. 죄를 용서받는 것이 제일 급한 일이에요. 친구들, 예수님을 만나면 이 세상을 살아갈 이유가 생겨요. 공부할 목적이 있어요. 꿈과 비전을 갖게 되어요. 여기 있는 모든 친구가 천국 KTX에 탈 수 있기를 바랍니다. 지금 이 시간 내 마음에 천국이 임하기를 축복합니다. 이것이 하나님이 주시는 제일 큰 선물, 완전한 선물입니다.

구원을 주시는 하나님, 천국 KTX에 대해 알려주셔서 감사합니다. 예수님을 믿어 용서받고 내 마음에 천국이 임하게 해주세요. 예수님의 이름으로 기도합니다. 아멘.

S·E·R·M·O·N 02

고난주간

: 예수님이 십자가에서 하신 일을 기억해요

- ▶ 설교 제목 : 예수님이 십자가에서 하신 일을 기억해요
- ▶ 성경 본문 : 로마서 3:23-26
- ▶ 핵심 말씀 : 로마서 3:24
  그리스도 예수 안에 있는 속량으로 말미암아 하나님의 은혜로 값 없이 의롭다 하심을 얻은 자 되었느니라
- ▶ 참고 말씀 : 로마서 10:9
  네가 만일 네 입으로 예수를 주로 시인하며 또 하나님께서 그를 죽은 자 가운데서 살리신 것을 네 마음에 믿으면 구원을 받으리라
- ▶ 설교 키워드 : 죄, 십자가, 구원
- ▶ 설교 목표 : 고난주간을 맞아 예수님께서 구원을 위해 하신 일을 묵상하고 하나님께 감사하며 구원의 확신을 갖도록 한다.

1. 마음의 문을 열며

친구들, 나는 어떤 일을 하는 사람일까요? 제가 어떤 일을 하는 사람인지 맞혀보세요.

"당신은 다른 사람의 컴퓨터를 훔쳤죠? 맞죠? 1년 동안 감옥에 들어가거나 아니면 벌금 500만 원을 내세요." 탕탕!

"당신은 술을 먹고 음주운전을 해서 사람을 치어 죽이고 도망갔죠? 맞죠? 5년 동안 감옥에 들어가세요." 탕탕!

"나는 누구일까요? 네, 저는 판사입니다."

"여러분, 여기는 천국 법원입니다. 저는 천국 방송국 기자입니다. 지금부터 천국의 재판장이신 하나님을 만나보겠습니다."

성경 속으로 다 함께 Go! Go! (*다 함께 외친다)

2. 성경 속으로

천국 재판장이신 하나님은 사람들에 대해서 모든 것을 알고 계십니다. 하나님은 사람들이 어떤 생각을 하는지, 무슨 말을 하고 있는지 아십니다. 하나님으로부터 숨을 수 있는 사람은 이 세상에 아무도 없어요. 거룩하신 하나님은 사람들에게 무슨 말씀을 하시나요?

"모든 사람은 죄인이다."

로마서 3장 23절을 다 함께 읽어보아요.
"모든 사람이 죄를 범하였으매 하나님의 영광에 이르지 못하더니."

어떤 사람이? "모든 사람이~"
무엇 때문에? "죄를 지었기 때문에~"
어디에 이르지 못한다고요? "하나님의 영광에~"
그래요. 의로운 재판장이신 하나님은 모든 사람이 죄를 지었다고 판결을 내립니다. 세상의 모든 사람은 죄인이에요. 탕탕! 다시 재판장이신 하나님을 만나보죠. 세상의 모든 사람이 죄인이라고 말씀하시는데 질문이 있습니다.

"하나님, 왜 죄인들을 벌주셔야 하나요?"
"나는 거룩한 존재이기 때문에 죄를 그냥 둘 수가 없어. 죄가 없어야 친구들을 만나고 친구들에게 복을 줄 수 있어."
"그런데 하나님은 사랑의 하나님이시잖아요? 사람들을 사랑하지 않는다는 말씀인가요?
"나는 친구들과 선생님들을 너무 사랑한단다."
"그러면 사랑의 하나님이 우리에게 벌을 주시는 것은 너무 하시는 거 아닌가요?"

"나는 사람들에게 벌을 내리지 않고 다른 방법을 사용하기로 했어."

"정말이에요? 그게 뭐죠? 다른 방법이 뭐예요?"

친구들, 목사님의 이야기를 잘 들어보세요. 어떤 도시에 동식이와 동철이 형제가 살고 있었어요. 동식이가 형이고 동철이가 동생이에요. 동식이는 직업이 판사예요. 그런데 동생 동철이는 맨날 나쁜 짓만 하고 남을 못살게 굴었어요. 어느 날, 동철이가 남의 물건을 훔쳐서 감옥에 가게 되었어요. 형 동식이의 직업이 뭐라고 했죠? 판사예요. 이날 재판의 판결을 형이 하게 되었어요. 판사인 형은 말했어요. (*판사 그림/사진을 보여준다)

"여러분, 동철이는 남의 물건을 훔치는 죄를 지었습니다. 그러나 제가 사랑하는 동생이에요. 그리고 동철이는 벌금을 낼 돈도 없습니다. 그래서 제가 동철이를 대신해서 벌금을 내도록 하겠습니다."

그래서 판사인 형이 벌금을 내고 동생 대신에 벌을 받았어요.

친구들, 하나님이 사람들에게 벌을 내리지 않는 다른 방법이 뭐예요? 사랑하는 아들이신 예수님이 사람들을 대신해서 벌을 받는 거예요. 내가 받을 죄의 형벌을 예수님이 대신 받게 되었어요. 형 동식이가 동생 동철이를 위해 벌금을 대신 낸 것처럼 말이에요.

친구들, 내가 벌을 받고 지옥에 가야 하는데 예수님이 나 대신 벌을 받고 십자가에 죽으셨어요. 이것을 믿는 친구들에게는 하나님께서 "너는 죄인이야"라고 판결하지 않으시고, "너는 죄가 없다! 의롭다! 나의 자녀가 되었어!"라고 말씀해주세요.

로마서 3장 24절 말씀을 다 함께 읽어보아요.
"그리스도 예수 안에 있는 속량으로 말미암아 하나님의 은혜로 값 없이 의롭다 하심을 얻은 자 되었느니라."

친구들, 하나님은 모든 사람이 죄인이라고 판결을 내렸어요. 하지만 예수님이 대신 벌을 받고 십자가에 죽으심으로 어떤 일이 일어났나요? 하나님이 우리에게 너는 죄인이 아니라고 판결을 내리세요. '속량'은 예수님이 대신 죗값을 갚아주신 거예요. 예수님이 나의 죄를 가져가시고 예수님의 의로움이 나에게 선물로 찾아왔어요.

친구들은 어떤 판결을 받고 싶어요? "너는 죄인이다!" 아니면 "너는 용서받았다. 새로운 사람이 되었다!" 우리가 용서받고 새로운 사람으로 살아갈 수 있는 것은 내가 할 수 있는 것이 아니에요. 이것을 은혜라고 합니다. 예수님 때문에 일어나는 기적이에요.

친구들, 이 사실을 단순히 머리로 아는 것으로 구원받을 수 없어요. 마음으로 믿고 입으로 고백하세요. 예수님을 구원자로, 주인으로 믿어야 해요. 하나님의 심판을 받지 않으려면 오직! 오직! 예수님을 믿어야 해요.

하나님은 우리를 사랑하셔서 우리를 벌하지 않으시고 예수님을 보내주셨어요. 예수님은 죄가 하나도 없으신데 죄 덩어리인 우리 대신에 심판을 받으시고 십자가에 달려 죽으셨어요. 그러나 예수님이 죽으신 것으로 끝나지 않고 3일 만에 다시 살아나셔서 하늘에 올라가셨어요. 누구든지 예수님을 믿으면 영원한 생명을 얻고 하나님의 자녀가 되어요.

고난주간에 우리가 할 일이 이것입니다. 예수님의 십자가 죽음을 묵상하고 하나님의 크신 사랑에 감사하는 것이에요. 예수님이 어떤 분인지, 예수님을 무엇을 하셨는지 알고 있나요? 예수님과 함께 살아가고 있나요? 안타까운 사실이 있어요. 내 마음에 예수님이 없는 친구는 지금도 죽어 있고, 또 앞으로 영원히 죽게 된다는 것이에요.

모든 사람은 죽어요. 죽음에는 3가지 종류의 죽음이 있어요.

첫째, 육체적인 죽음입니다. 사람이 병으로 죽거나 나이가 많아 죽어서 영혼이 육체를 떠나는 것이에요.

둘째, 영적인 죽음입니다. 하나님을 아버지로 믿지 않고, 예수님을 구원자로 믿지 않는 사람은 몸은 살아 있지만 영혼은 죽어 있어요. 예쁜 옷을 입고 있다고, 수학 문제를 잘 푼다고, 좋은 집에 살고 있다고 해서 살아 있는 것이 아니에요. 예수님이 없다면 시체와 같아요.

셋째, 영원한 죽음입니다. 예수님을 믿지 않으면 하나님과 분리되어 영원히 지옥에서 살게 되어요.

예수님을 나의 구원자와 주인으로 영접하는 친구는 영원한 생명을 얻어요. 죽었던 영혼이 살아나요.

로마서 10장 9절 말씀을 다 함께 읽어보아요.
"네가 만일 네 입으로 예수를 주로 시인하며 또 하나님께서 그를 죽은 자 가운데서 살리신 것을 네 마음에 믿으면 구원을 받으리라."

3. 마음을 다지며 삶 속으로

어린이 여러분, 배를 타보았나요? 배 타고 여행을 해본 적이 있나요? 너무 신나지요. 그런데 배를 탈 때는 조심해야 합니다. 태풍이 오거나 큰 파도가 불면 배가 뒤집혀 바다에 빠져 죽게 되어요. 하지만 구명조끼가 있으면 살 수 있어요. 바다에서 버틸 수가 있어요. 그러면 구출받아요. 배에 탈 때는 항상 구명조끼를 입는 것이 중요해요. (*구명조끼 그림/사진을 보여준다)

여러 명의 친구가 낚시하기 위해 배를 탔어요. 배에 타기 전에 구명조끼를 입었어요. 그런데 한 친구만이 구명조끼 입는 것을 싫어했어요. 친구들이 말했어요.

"빨리 구명조끼를 입어! 입어야 안전해!"

친구들의 충고에도 끝까지 고집을 피웠어요. 그러나 배를 타고 나가서 얼마 지나지 않아 심한 바람이 불기 시작했어요. 바람은 폭풍이 되고 파도가 높이 일렁여서 배가 그만 뒤집히고 말았어요. 갑자기 일어난 일이에요.

"살려주세요! 살려주세요!"

사람들은 모두 바다에 빠졌어요. 그때 구명조끼를 입고 있던 사람들은 모두 해변으로 와서 자기 목숨을 건졌어요. 그런데 구명조끼를 입지 않았던 사람은 어떻게 되었을까요? 헤엄을 치다가 힘이 빠져서 그만 물에 빠져 죽고 말았어요.

이 사람은 왜 죽었나요? 구명조끼를 입지 않아서입니다. '구명조끼를 입으라'는 말을 듣지 않은 고집 때문에 죽게 되었어요. '나는 수영을 잘해'라는 자기 생각을 믿었다가 망하게 되었어요.

친구들, 모든 사람은 죄의 바다에 빠져 죽어가고 있어요. 죄의 바다에서 살 방법은 무엇인가요? 죄인은 어떻게 구원을 받나요? 예수님을 믿으면 죄의 바다에 빠지지 않고 구원받아요.

고난주간을 맞아 예수님이 나를 위해 하신 일을 묵상해요. 예수님의 십자가를 생각해요. 예수님을 생각하면서 미디어 금식을 실천해보아요.

이빈 한 주간 TV, 핸드폰, 게임을 절제하고, 성경을 보면서 예수님을 많이 생각해요. 하나님의 사랑을 다른 친구에게 전해주어요. 예수님의 사랑이 고마운 친구들은 같이 두 손 모아 기도할까요?

 **다 함께 기도해요**

사랑이 많으신 하나님, 나 같은 죄인을 위해 예수님을 보내주셔서 감사해요. 십자가 사랑을 묵상하고, 그 사랑을 전하며 살아가는 고난주간이 되도록 도와주세요. 예수님의 이름으로 기도합니다. 아멘.

S·E·R·M·O·N·03
어버이주일
: 부모님을 기쁘게 하는 어린이

- ▶ 설교 제목 : 부모님을 기쁘게 하는 어린이
- ▶ 성경 본문 : 출애굽기 20:12, 마태복음 21:28-32
- ▶ 핵심 말씀 : 출애굽기 20:12
  네 부모를 공경하라 그리하면 네 하나님 여호와가 네게 준 땅에서 네 생명이 길리라
- ▶ 참고 말씀 : 에베소서 6:1-3
  자녀들아 주 안에서 너희 부모에게 순종하라 이것이 옳으니라 네 아버지와 어머니를 공경하라 이것은 약속이 있는 첫 계명이니 이로써 네가 잘되고 땅에서 장수하리라
- ▶ 설교 키워드 : 부모 공경, 사랑, 순종
- ▶ 설교 목표 : 어버이주일을 맞아 부모님의 사랑과 희생에 감사하고 순종하는 자녀가 되게 한다.

1. 마음의 문을 열며

어떤 마을에 가난하게 살아가는 모녀가 있었어요. 어머니와 딸은 어렵게 살았지만 서로 사랑하고 의지했어요. 어머니는 산에서 나물이나 약초 같은 것을 캤었고, 딸이 그것을 시장에서 팔아서 살아갔어요. 가난하지만 서로 사랑하고 도와주며 작은 행복을 느끼면서 살았어요. 어느 날, 딸이 맛있는 잣죽을 만들어서 어머니께 드렸어요. (*잣죽 그림/사진을 보여준다)

"어머니, 잣죽을 만들었어요. 드셔 보세요"

"아니, 이 귀한 것을 어떻게 구했어? 어디 맛 좀 보자."

잣죽 맛을 본 어머니는 "맛이 왜 이렇게 쓰지?"라고 했어요.

"어디 봐요. 잣죽이 쓰다고요?" 딸이 잣죽을 숟가락으로 떠서 먹었어요.

"어머니. 잣죽이 쓰기는커녕 맛만 좋은데요. 아 맛있다."

"그래?" 어머니는 다시 죽을 먹어보더니 이번에는 고개를 저으면서

"이게 안 쓰단 말이냐? 너는 혀가 어떻게 됐구나? 난 써서 못 먹겠다."

딸은 이상히 여겨서 잣죽을 또 떠서 먹어보니 아무래도 쓴맛이 없었습니다.

"네가 좀 더 먹어라. 그러면 맛이 이상하다는 것을 알 거야."

딸은 어머니가 이상하다고 생각하면서 잣죽을 한 숟갈 두 숟갈 맛보았어요. 어떻게 되었을까요? 어느새 딸이 잣죽을 다 먹은 거예요. 어머니가 딸에게 잣죽을 다 먹이려고 일부러 그렇게 한 거예요. 딸은 어머니의 사랑에 눈물을 흘렸답니다.

친구들, 우리 부모님은 이렇게 우리를 사랑하셔요. 자신들은 맛있는 것을 못 먹어도, 예쁜 옷을 못 입어도, 우리를 위해서 좋은 것을 해주시는 분들입니다. 이 사랑을 당연하다고 생각하면 안 돼요.

부모님을 누가 우리에게 보내주셨나요? 하나님입니다. 하나님은 우리에게 부모님을 주셔서 하나님의 은혜를 알게 해주십니다. 하나님을 믿는 어린이는 부모님을 사랑하고 부모님을 기쁘시게 해드려야 해요. 오늘 성경은 "네 부모를 공경하라"고 말씀합니다. 공격하라? 아니에요. 공경해야 합니다. '어버이주일'을 맞아 우리는 어떻게 해야 할까요? 예수님의 이야기를 잘 들어봅시다.

성경 속으로 다 함께 Go! Go! (*다 함께 외친다)

2. 성경 속으로

"아이고 허리야. 내 허리가 왜 이렇게 아프지. 안 되겠다. 오늘은 포도밭에 가서 일을 못 하겠네."

포도밭의 주인인 아버지에게는 두 아들이 있었어요. 첫째 아들

을 불렀어요. (＊어린이 두 명을 앞으로 나오게 해서 첫째 아들과 둘째 아들을 표시하고 설교를 진행한다)

"첫째야, 오늘은 내가 몸이 아파서 일을 못 하겠다. 네가 포도밭에 가서 일하고 와라. 할 수 있지?"

"예, 아버지. 제가 할게요. 아버지는 몸조리하시고 편안히 쉬고 계세요."

첫째 아들은 아버지의 말을 듣고 포도원에 일하러 가기로 했어요. 그런데 일하러 가다가 갑자기 이런 마음이 들었어요.

"아버지는 맨날 나에게만 일을 시켜. 동생도 있고, 하인들도 많은데…. 짜증 나!"

"이보게. 자네 어디를 가나?" 친구가 찾아왔어요.

"포도원에 일을 가야 해."

"뭐라고? 이렇게 날씨가 좋고 재미있는 것도 많은데 일을 하러 간다고? 멍청아! 아버지 말씀 듣지 말고 나랑 수영하러 가자."

"수영? 좋지. 놀러 가자."

친구들, 이렇게 해서 첫째 아들은 아버지의 말을 듣지 않고 친구의 말을 듣고 놀러 가 버렸어요. 아버지는 이 사실을 알고 너무 마음이 슬펐어요.

아버지는 둘째 아들을 불렀어요.

"둘째야!"

"왜요? 아버지."

"포도원에 가서 일할 수 있겠니? 나는 오늘 몸이 아파서 일을 못 하겠다."

"싫어요, 아버지. 친구랑 게임하고 놀기로 해서 안 돼요. 그리고 아버지 말씀 듣기 싫어요."

친구들, 둘째 아들은 포도원에 일하러 가라는 아버지 말씀을 듣지 않았어요. 그런데 둘째 아들이 곰곰이 생각했어요.

"내가 이러면 안 되지? 나는 예수님을 믿는 사람이잖아. 하나님은 부모님을 공경하라고 말씀하셨지."

"아버지! 제가 아버지 말씀을 들을게요. 아버지 말씀에 순종 못 해서 죄송해요. 아버지 말씀을 듣고 포도원에 가서 열심히 일할게요. 일하고 나서 친구랑 놀게요. 다녀오겠습니다."

친구들, 첫째 아들과 둘째 아들 중에 누가 아버지 마음에 드는 아들인가요? 포도원에 가서 일하라는 아버지의 말을 듣고 "예, 가겠습니다"라고 말은 하고 마음을 바꾸어 아버지 말씀을 듣지 않았던 첫째 아들인가요? 아니면 처음에 가기 싫다고 말은 했지만 아버지 말씀을 듣고 포도원에 일하러 간 둘째 아들인가요?

첫째 아들은 하나님을 잘 믿는다고 하는 바리새인이었지만 사실은 그렇지 못했어요.

둘째 아들은 죄인들과 세리였지만 회개하고 하나님께 순종하는 사람들이 되었어요.

친구들, 예수님은 어떤 사람을 좋아하실까요? 예수님의 말씀과 부모님의 말씀을 순종하는 사람을 좋아하셔요. 예수님의 이야기에서 순종이 중요하다는 것을 알게 되었어요. 친구들은 부모님의 말씀에 순종하는 어린이인가요?

출애굽기 20장 12절 말씀을 다 함께 읽어보아요.
"네 부모를 공경하라. 그리하면 네 하나님 여호와가 네게 준 땅에서 네 생명이 길리라."

부모님을 공경하는 것은 순종에서부터 시작해요. 공경은 존중하고 존경하는 거예요. 부모를 공경하는 어린이에게 하나님은 특별한 은혜를 주셔요.

3. 마음을 다지며 삶 속으로

어린이 여러분, 하나님을 예배하고 부모님을 공경하는 어린이가 진짜 믿음의 사람입니다. 하나님은 부모를 사랑하고 순종하는 사람에게 특별한 복을 주신다고 약속하셨어요. 어떻게 하면 부모님을 기쁘시게 해드릴까요? 친구들은 아빠, 엄마를 어떻게 대하고 있나요?

우리의 '입'으로, '손'으로, '마음'으로 사랑을 표현해보세요. 부모님이 외출하시거나 집으로 돌아오실 때 인사를 해요. 부모님에게 존댓말을 쓰세요. 부모님이 TV 그만 보고 숙제부터 하자고 하실 때 "네, 알겠습니다"라고 대답해요. 부모님의 생일에 작은 선물을 드려보세요. 자기 방 청소는 스스로 하세요. 엄마의 심부름을 잘 도와주세요. 부모님을 위해 하나님께 기도드리세요.

친구들, 목사님은 여러분의 가정이 천국이 되기를 기도합니다. 가정의 주인이 하나님이 되어야 합니다. 부모님과 여러분이 서로 사랑하고 하나님을 잘 섬기는 믿음의 가정이 되기를 기도합니다.

물론 우리 부모님들이 완벽한 사람은 아니에요. 부족한 점이 있어요. 친구들을 사랑한다고 하면서 상처를 줄 때도 있어요. 혹시 우리 가정이 아픈 친구들이 있나요? 아빠, 엄마가 자꾸 싸우고, 부모님이 술만 마시고, 부모님이 교회에 다니지 않는 친구들이 있나요?

친구들이 먼저 하나님의 자녀답게 부모님께 순종하고 부모님을 기쁘시게 해보세요. 하나님께 우리 가정의 아픈 점을 기도해보세요. 하나님이 분명 친구들의 기도를 들어주실 거예요.

예수님의 제자인 여러분이 부모님을 공경하고, 부모님도 여러분을 더욱 소중히 여기고 사랑해서 가정 천국이 되기를 축복합니다. 목사님을 따라서 말합니다.

"부모님, 사랑합니다. 감사합니다. 순종할게요. 부모님을 위해 기도할게요."

 **다 함께 기도해요**

신실하신 하나님, 어버이 주일을 맞아 하나님이 보내신 부모님을 생각합니다. 부모님을 공경하는 어린이가 되게 하시고, 우리 가정이 가정 천국이 되도록 도와주세요. 예수님의 이름으로 기도합니다. 아멘.

S·E·R·M·O·N·04

추수감사절

: 감사의 습관을 가져요

- ▶ 설교 제목 : 감사의 습관을 가져요
- ▶ 성경 본문 : 시편 136:1, 요한복음 11:41
- ▶ 핵심 말씀 : 시편 136:1
  여호와께 감사하라 그는 선하시며 그 인자하심이 영원함이로다
- ▶ 참고 말씀 : 에베소서 5:20
  범사에 우리 주 예수 그리스도의 이름으로 항상 아버지 하나님께 감사하며
- ▶ 설교 키워드 : 감사, 감사하는 사람들
- ▶ 설교 목표 : 추수감사절을 맞아 하나님이 베푸신 은혜에 감사하는 어린이가 되고 생활 속에서 감사하는 습관을 가지게 한다.

1. 마음의 문을 열며

어떤 나라에 마음이 정말 고약한 왕이 살았어요. 왕은 백성이 어떻게 살아가는지는 관심이 없었어요. 오직 자기만 행복하고 잘살면 된다고 생각했어요.

"여봐라, 빨리 저녁 식사를 준비해라. 내가 배가 고프다."

"예, 왕이시여. 준비가 다 되었습니다."

왕궁 요리사는 음식을 만들어 왕에게 저녁 식사를 가져왔어요.

"뭐야? 이 음식 누가 만들었어?"

"제가 만들었습니다. 왕이시여, 맛이 이상하나요? 제가 바로 이 나라에서 1등 요리사가 아닙니까? 하하하."

"맛이 이상한 게 아니라 정말 맛이 없다. 퉤퉤! 이걸 요리라고 가져왔나? 나를 뭐로 보는 거야? 여봐라, 이 요리사를 당장 끌고 가서 감옥에 넣어라."

"왕이시여, 제발 살려주십시오."

다른 요리사가 음식을 만들어 왔어요.

"왕이시여, 이 음식을 맛있게 드시고 만수무강하소서."

"왕이시여, 맛이 괜찮으시죠?"

"맛이 없다. 여봐라, 이놈도 감옥에 넣어라."

정말 악한 왕입니다. 음식을 먹으면서 감사한 마음을 가지기는커녕 맛이 없다고 불평하고 요리사를 감옥에 넣었어요.

"여봐라, 아직도 요리사를 구하지 못했느냐?"

"왕이시여, 조금만 기다리십시오. 훌륭한 요리사가 준비되어 있습니다."

왕궁에 새로운 요리사가 왔어요. 이 사람은 왕이 고약하다는 소문을 들었어요. 이 요리사는 하나님을 믿는 사람이었어요.

"하나님, 저에게 지혜를 주세요."

"왕이시여, 저는 오늘 왕의 저녁 식사를 맡은 요리사 미스터 김입니다. 제가 아주 맛있는 음식, 왕께서 한번도 먹어보지 못한 맛있는 음식을 지금 준비하겠습니다. 한 시간만 기다려주세요."

요리사는 열심히 음식을 만들었어요. 시간이 많이 흘렀어요. 왕은 너무 배가 고팠어요.

"빨리 가져와라."

"왕이시여, 조금만 더 기다려주세요. 원래 맛있는 음식은 시간이 걸립니다."

친구들, 사실 요리사가 지금 머리를 쓰고 있어요. 아무리 맛있는 최고급 음식을 가져와도 감사하지 않고, 맛이 없다고 불평하고 짜증을 내는 왕의 잘못을 고치려고 한 거예요.

"이제 슬슬 음식을 가져가야겠다. 왕이시여, 오래 기다렸습니다. 저녁 식사가 준비되었습니다."

친구들, 왕은 배가 고파서 죽을 지경이었어요. 하지만 왕이 되어서 근엄한 모습을 보여야 하기 때문에 속으로 참고 있었어요.

"아이고, 배고파. 배고파 죽겠네."

드디어 음식이 들어왔어요. 왕은 맛을 보았어요.

"아니, 이럴 수가!"

"왕이시여, 왜 맛이 없습니까?"

"이게 무슨 음식인가? 이 음식의 이름이 무엇이지? 너무 맛있다. 이 요리 최고다. 짱!"

드디어 왕의 입에서 무슨 말이 나왔어요? "맛있다. 최고다. 땡큐." 이렇게 말했어요. 친구들, 왕이 왜 맛있다며 좋아하고 감사하는 마음을 가졌나요? 배가 너무 고팠기 때문이에요. 배가 고플 때 먹는 음식은 아무거나 먹어도 맛있는 거예요.

"요리사 미스터 김! 이 음식의 이름이 무엇이냐?"

"예, 이 요리의 이름은 '배춧국' 입니다. (*배춧국 그림/사진을 보여준다) 우리나라의 일반 백성들이 먹고사는 음식입니다."

친구들, 왕은 이 음식을 알 리가 없었죠.

"내가 이 요리사에게 상을 내리도록 하겠다."

"아닙니다. 왕이시여, 상을 주시려면 이 배춧국에 들어가는 배추를 만든 사람에게 상을 내리십시오."

"그 사람이 누구냐?"

"네, 농부입니다."

"농부에게 상을 내리도록 하겠다. 농부를 데려오너라."

배추를 잘 기른 농부는 왕에게 상을 받게 되었어요.

"배추를 잘 만든 너에게 내가 상을 내리겠다."

농부가 말합니다.

"아닙니다. 제가 이 상을 받을 수는 없습니다."

"아니, 왜 받을 수 없다는 거냐? 조금 전에 요리사도 그렇고, 넌 대체 왜 그러느냐?"

"네, 이 배추를 만드신 분은 따로 있습니다. 그분이 햇빛을 주시고, 비를 내리시고, 땅에서 잘 자라게 해주셨기 때문에 이 배추가 생겨난 것입니다. 그분이 없었다면 배추는 생기지도 않았고 왕도 먹을 수 없었을 것입니다."

"그래? 그분이 누구냐?"

친구들, 배추를 만드시고 자라게 하신 분이 누굴까요? 하나님입니다. 창조주 하나님께서 우리에게 모든 것을 주셨어요.

성경 속으로 다 함께 Go! Go! (*다 함께 외친다)

2. 성경 속으로

친구들, 여러분이 가진 모든 좋은 것은 하나님이 선물로 주신 거예요. 부모님도, 동생도, 책도, 장난감도, 옷도…. 모든 것이 다 하나님이 주신 거예요. 하나님께 감사하세요. 하나님을 찬양하세요.

시편 136편 1절을 다 함께 읽어보아요.
"여호와께 감사하라, 그는 선하시며 그 인자하심이 영원함이로다."

친구들, 오늘은 추수감사주일입니다. 지난 1년 동안 베풀어주신 하나님의 은혜에 감사하는 날입니다. 우리는 하나님의 사랑과 은혜 때문에 이 시간 예배의 자리에 있을 수 있어요. 지금 목사님과 선생님과 친구들이 이 자리에 있을 수 있는 것은 하나님의 은혜 때문입니다. 하나님께 감사하는 어린이가 되길 바랍니다. 감사하는 어린이가 진짜 하나님의 자녀입니다. 감사하려면 먼저 하나님을 알아야 해요. 하나님이 베푸신 축복을 생각하고 기억해야 해요.

하나님은 어떤 분이신가요? 하나님은 선하신 분입니다. 우리에게 좋은 것을 주시는 아버지가 되세요. 하나님은 어떤 분이신가요? 하나님은 인자하신 분이고 그 인자하심이 영원하셔요. 하나님의 '인자'를 '사랑'이라고 합니다. 친구들, 하나님은 우리가 죄인임에도, 부족해도, 자꾸 실수해도 사랑하시고 기다려주셔요. 하나님은 하나밖에 없는 아들 예수님을 우리를 위해 보내주셨어요. 예수님을 우리 대신에 십자가에 죽게 하시고 우리를 살려주셨어요.

하나님이 우리 친구들에게 주신 선물은 무엇이 있나요? 부모님, 가족, 목사님, 선생님, 친구들을 주셨어요. 또한 물, 공기, 건강, 장난감 등 내가 지금 누리고 있는 모든 좋은 것은 하나님이 주신 거예요. 이 모든 것을 주신 하나님께 감사의 기도를 드려보세요.

　우리가 하나님께 감사해야 할 이유 중 가장 큰 것은 무엇일까요? 내가 하나님의 자녀가 되고, 죄 용서받고, 예수님의 제자가 된 것이에요. 하나님의 인자하심과 사랑은 지금 이 순간만이 아니라 영원토록 친구들과 함께하십니다. 우리가 하나님께 예배하고 감사할 수 있는 이유는 하나님의 선하심과 인자하심 때문이에요. 하나님을 알아가고 하나님을 기억할 때 진정으로 감사할 수 있어요.

3. 마음을 다지며 삶 속으로

　어린이 여러분, 감사를 잘하는 좋은 습관을 가지고 있나요? 목사님이 처음에 소개한 악한 왕과 반대로 3명의 감사하는 사람들을 소개할게요.

　첫째, 메튜 헨리라는 목사님이 있습니다.
　영국의 유명한 매튜 헨리 목사님께서 길을 가다 강도를 만나 돈지갑을 빼앗기게 되었어요. 그런 후에 목사님은 하나님께 4가지 감사를 드렸어요.
　하나. 전에는 도둑맞은 일이 없었기 때문에 감사합니다!
　둘. 도둑이 내 생명은 빼앗아가지 않았으니 감사합니다!

셋. 지갑을 도둑맞았지만 내 전재산은 도둑맞지 않음을 감사합니다!

넷. 내가 도둑이 아닌 것을 감사합니다!

둘째, 에디슨입니다.

발명왕 에디슨은 약 1,300개의 발명품을 만들었다고 알려져 있어요. (＊에디슨 그림/사진을 보여준다) 최고의 발명품은 역시 전구입니다. 실험에 열중하던 에디슨은 어느 날 귀가 들리지 않게 되었습니다. 그러나 그는 조금도 낙심하지 않았어요. 그리고 이렇게 말했습니다.

"하나님께 감사합니다. 감사한 것은 귀가 멀어 잡음이 들리지 않아 연구에 몰두할 때 많은 도움이 된다는 점입니다."

내가 어떤 불행을 당했든 병들었든, 가난하든, 실패하든 그것은 아무런 문제가 되지 않습니다.

셋째, 예수님입니다.

요한복음 11장 41절을 보면 예수님은 하나님께 감사를 고백합니다. 예수님이 사랑하시는 나사로가 죽었습니다. 나사로가 죽었을 때 마리아와 마르다는 원망하고 절망했어요. 그리고 유대인들은 예수님을 무시했어요.

그러나 예수님은 감사했어요. 예수님은 "아버지여 내 말을 들으신 것을 감사하나이다"라고 감사를 표현했어요. 감사 뒤에 나사로가 살아나는 놀라운 기적이 일어났습니다.

친구들, 감사할 일에는 당연히 감사하고, 어렵고 힘든 일에도 감사하는 사람이 진짜 하나님의 자녀입니다. 감사한 제목 10가지, 50가지, 100가지를 종이에 적으면서 하나님께, 부모님께, 목사님께, 선생님께, 친구들에게 감사를 고백해보세요. 감사를 고백하고 표현하면 감사할 일이 더욱 많아져요. 우리 친구들의 감사 고백을 들어볼까요?

"예수님을 알고 구원받게 해주셔서 감사합니다." (다 함께 아멘!)
"아빠가 교회에 다니게 해주셔서 감사합니다." (다 함께 아멘!)
"동생의 팔을 고쳐주셔서 감사합니다." (다 함께 아멘!)
"좋은 친구를 많이 주셔서 감사합니다." (다 함께 아멘!)
"시험을 잘 못 쳤지만 실망하지 않게 해주셔서 감사합니다." (다 함께 아멘!)
"제 기도를 들어주셔서 감사합니다." (다 함께 아멘!)

메튜 헨리의 감사, 에디슨의 감사, 예수님의 감사를 본받아 감사하는 친구들 되길 바랍니다. 감사하는 어린이가 진짜 믿음의 사람입니다.

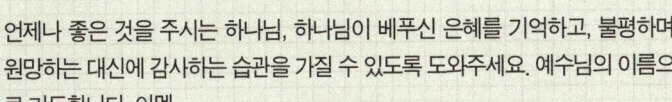

다 함께 기도해요

언제나 좋은 것을 주시는 하나님, 하나님이 베푸신 은혜를 기억하고, 불평하며 원망하는 대신에 감사하는 습관을 가질 수 있도록 도와주세요. 예수님의 이름으로 기도합니다. 아멘.

S·E·R·M·O·N·05

성탄절

: 예수님께 드릴 선물을 준비했나요?

- ▶ 설교 제목 : 예수님께 드릴 선물을 준비했나요?
- ▶ 성경 본문 : 마태복음 2:1-12
- ▶ 핵심 말씀 : 마태복음 2:11
  집에 들어가 아기와 그의 어머니 마리아가 함께 있는 것을 보고 엎드려 아기께 경배하고 보배합을 열어 황금과 유향과 몰약을 예물로 드리니라
- ▶ 참고 말씀 : 누가복음 2:11
  오늘 다윗의 동네에 너희를 위하여 구주가 나셨으니 곧 그리스도 주시니라
- ▶ 설교 키워드 : 예수님 탄생, 선물, 크리스마스
- ▶ 설교 목표 : 성탄절을 맞아 동방박사들처럼 아기 예수님께 경배하고 믿음과 기쁨으로 성탄절을 준비하게 한다.

1. 마음의 문을 열며

밤에 하늘을 보면 반짝반짝 빛나면서 하늘을 밝게 비추는 것이 있어요. 무엇일까요? 네. 별이지요. (*여러 가지 별 그림/사진을 보여준다) 이렇게 밤하늘에 있는 별을 연구하고 공부하는 사람이 있어요.

"어디 보자. 저 별은 무슨 별이지? 큰곰자리인가? 아니면 사자자리인가?"

이렇게 우주의 행성이나 운하, 별을 연구하는 사람을 천문학자라고 해요.

"어디 보자. 오늘은 또 어떤 별을 연구하지?"

"이봐, 김 박사."

"왜 그래?"

"이제 그만 집에 가자."

"안 돼. 우리는 별을 연구하는 박사잖아. 여기서 어떤 별이 나타나는지 잘 연구해야 해."

"지금 시간이 몇 시야? 벌써 밤 12시가 되었어. 집에 가자. 무서워. 늑대가 나타나면 어떡해…."

"하여튼, 이 박사는 겁쟁이라니까."

"최 박사! 최 박사, 어디 있어?"

"크르렁, 크르렁."

"아니, 최 박사. 지금 별을 연구하지 않고 뭐 하는 거야?"
"아아, 잠이 너무 오네. 오늘은 그만 연구하고 집에 가자."
"그래, 알았어."
(깜짝 놀란 표정으로) "이봐. 김 박사, 최 박사. 저기… 저기… 저 별을 봐!"
"왜 그래?"
성경 속으로 다 함께 Go! Go! (*다 함께 외친다)

2. 성경 속으로

동방의 나라에서 별을 연구하던 박사들이 깜짝 놀랐어요. 정말 큰 별이 하늘에 밝게 빛나고 있었기 때문이에요. 특별한 별인 것 같아요. (*큰 별 그림/사진을 보여준다)
"와! 저 별은… 저 별은… 이 세상에 무슨 일이 일어났다는 것을 알리는 좋은 별이야."
"맞지? 그렇지? 저렇게 크고 밝게 빛나는 별은 태어나서 처음 봐. 그런데 어떤 좋은 일이지?"
"이 세상에 왕이 태어났다는 소식을 알려주는 별이야."
"왕이라고?"
별을 연구하던 동방박사들은 왕이 태어난 소식을 알려주는 별을 발견했어요.

"저기 봐, 별이 움직이고 있어."

"뭐라고? 왕이 태어난 소식을 알리는 큰 별이 움직이고 있다고? 빨리 따라가자."

별을 연구하던 동방의 박사들은 별이 움직이는 곳을 따라갔어요. 별이 어디로 가든지 따라가기로 하고 별을 놓치지 않고 이동했어요. 그곳은 바로 예루살렘이었어요. 예루살렘에는 헤롯이라는 왕이 있었어요.

"쿵쿵쿵! 쿵쿵쿵!"

"누구시오?"

"예. 저희는 동방에서 온 박사들입니다. 헤롯 왕을 만나기 위해서 이렇게 찾아왔습니다."

"박사들이라? 흠…. 무슨 박사요? 게임을 잘하는 게임박사요? 축구를 잘하는 축구박사요?"

"아닙니다. 저희는 별을 연구하는 별박사입니다."

"별을 연구하는 별박사? 별 희한한 박사도 다 있구먼? 여기 유대 땅에 온 이유가 무엇인가?"

"헤롯 왕님. 지금부터 저희가 하는 말을 잘 들으셔야 합니다. 새로운 왕이 태어났습니다."

"뭐라고? 왕이 태어났다고? 지금 내가 왕인데…."

왕이 태어났다는 소식을 들은 헤롯 왕은 깜짝 놀랐어요.

"저희는 왕이 태어났다는 소식을 알려주는 별을 발견하고 왕궁에 찾아왔습니다. 왕은 왕궁에서 태어나니까 저희가 여기로 왔습니다. 새로 태어난 아기 왕이 어디 있습니까? 저희가 꼭 만나고 싶습니다."

친구들, 이 세상에 태어난 새로운 왕은 누굴까요? 예수님이에요. 죄인을 구원하기 위해 하나님이 보내신 왕이신 예수님이에요.

"뭐라고? 왕이 태어났다고? 정말 화가 난다. 새로운 왕을 찾으면 내가 죽여버리겠다."

헤롯 왕은 왕으로 태어난 아기 예수님을 죽이려고 했어요.

"여봐라. 새로운 왕이 어디에서 태어나는지 알고 있는 사람이 있느냐?"

"예, 헤롯 왕님. 성경에 새로운 왕이 태어나는 곳이 쓰여 있습니다."

"성경에?" (＊성경책을 찾는 동작을 한다)

"성경에 유대 베들레헴에서 왕이 태어난다고 기록되어 있습니다. 제가 똑똑히 보았습니다."

"박사님들, 새로운 왕이 여기 왕궁에는 없고 베들레헴이라는 곳에서 태어난답니다. 새로운 왕을 찾으면 저에게 알려주세요. 왕이 태어났으니까 축하할 일이 아니겠습니까? 하하하. 나도 왕의 탄생을 축하하며 왕에게 선물을 드리고 싶소."

"그 아기 예수를 어떻게 죽이지?" (혼자 중얼중얼한다)

헤롯은 진짜 왕으로 오신 예수님을 죽이려고 합니다. 왕궁에서 나온 동방바사들은 베들레헴 마을로 가려고 했어요. 그런데 갑자기 커다랗고 밝은 그 별이 나타났어요.

"와~ 큰 별이다! 큰 별이 다시 움직인다!"

하나님께서 보내신 큰 별은 예루살렘의 남쪽에 있는 베들레헴의 어떤 집 위에서 멈췄어요. 그곳이 바로 왕이 태어난 곳이에요. 아기 예수님이 태어난 곳이에요.

"김 박사, 저기 봐. 하나님이 보내신 별이 멈추어 있어."

"그래, 빨리 가보자."

"어떤 왕이기에 저렇게 큰 별이 우리를 인도했지? 하나님, 어떤 왕이 태어났나요?"

박사들은 별을 보고 너무 기뻤어요. 그런데 별이 멈춘 곳이 어디인가요? 아파트가 아니었어요. 멋진 호텔도 아니었어요. 친구들, 놀라지 마세요. 마구간이었어요. 헐! 우리를 구원하기 위해 이 땅에 오신 아기 예수님은 마구간에서 태어나셨어요.

"엥? 마구간이라고?"

"더럽고 냄새나고 추운 곳에서 왕이 태어났단 말이야? 하나님이 보내신 왕이 어떻게 이런 곳에서 태어날 수 있어?"

동방 박사들은 빨리 마구간으로 들어갔어요. 아기 예수님은 어머니 마리아의 품에 안겨 쌔근쌔근 잠을 자고 있었어요. 요셉과 마리아는 하나님이 보내신 아기 예수님이 태어난 사실을 아무도 모른다고 생각했어요. 그런데 손님들이 찾아온 거예요. 마구간에 들어온 동방 박사들은 아기 예수님을 보고 땅바닥에 무릎을 꿇고 고개 숙여 경배드렸어요.

친구들, 이것은 아기 예수님을 사랑하고 소중히 여긴다는 최고의 표현이었어요.

"왕이신 아기 예수님, 우리를 구원하시기 위해 이 땅에 오셨지요. 우리의 선물을 받으세요."

박사들은 자기들이 가져온 선물 꾸러미를 예수님 앞에 내놓았어요. 어떤 선물일까요? 요셉과 마리아는 너무 궁금했어요. 친구들도 궁금한가요? 우리 다 함께 선물꾸러미를 열어볼까요?

번쩍번쩍한 '황금'과 좋은 향기가 나는 '유향', 그리고 최고급 기름인 '몰약'이 예수님께 드리는 선물이었어요. (*3가지 선물 그림/사진을 보여준다. 또는 3가지 선물상자를 만들어 어린이 3명이 앞으로 나와서 선물을 전달하는 모습을 연출한다) 왕이신 예수님이 태어난 마구간은 동방박사들이 드린 선물로 기쁨이 넘치게 되었어요.

3. 마음을 다지며 삶 속으로

어린이 여러분, 성탄절을 보내면서 제일 중요한 것이 무엇일까요? 나의 마음에 왕으로 오신 예수님을 모시는 거예요. 대통령보다 높고 세상의 가장 큰 부자보다 부유하신 예수님을 왕으로, 주인으로 믿어야 해요.

그런데 헤롯 왕은 어떻게 했나요? 예수님께 경배하지 않고 오히려 예수님을 죽이려 했어요. 하지만 동방 박사들은 어떻게 했나요? 예수님을 만나기 위해 멀리서 예수님을 찾아오고 예수님께 경배하며 선물까지 드렸어요.

친구들, 예수님의 탄생을 기다리는 나의 마음은 헤롯의 마음인가요? 동방 박사들의 마음인가요? 우리 친구들은 헤롯 왕처럼 "나는 예수님 필요 없어. 크리스마스에는 내가 주인공이야!" 이런 친구 있나요?

동방 박사들처럼 예수님을 왕으로 내 마음에 모시면 구원을 선물로 받아요. 예수님이 나의 구원자가 되시고 친구가 되어주세요. 예수님은 우리를 하나님의 자녀가 되게 해주세요. 마귀가 우리를 괴롭히지 못하도록 지켜주시는 왕이에요.

친구들, 크리스마스를 어떻게 보내고 있나요? 왕이신 예수님을 만나야 해야 해요. 예수님은 첫 번째 크리스마스의 진짜 주인공입니다. 산타클로스가 아닙니다. 나 자신도 아니에요. 친구들, 헤롯 왕보다, 대통령보다, 우리 부모님보다 더 높고 좋으신 예수님을 만나야 합니다. 예수님을 통해서만 하나님이 주시는 천국 영생의 선물을 받을 수 있어요.

　예수님께 드릴 선물이 준비되었나요? 가장 존귀하신 예수님께 나의 소중한 것을 드려보세요. 예수님이 정말 기뻐하실 거예요.

　목사님을 따라서 말합니다.

　"왕이신 예수님! 저의 선물을 받으세요."

 다 함께 기도해요

예수님을 보내주신 하나님, 우리를 구원하기 위해 낮은 곳으로 오신 아기 예수님을 왕으로 내 마음에 모셔 들입니다. 예수님께 나의 가장 소중한 것을 드릴게요. 예수님의 이름으로 기도합니다. 아멘.

친구들, 감사할 일에는 당연히 감사하고,
어렵고 힘든 일에도 감사하는 사람이 진짜 하나님의 자녀입니다.
감사한 제목 10가지, 50가지, 100가지를 종이에 적으면서
하나님께, 부모님께, 목사님께, 선생님께, 친구들에게
감사를 고백해보세요. 감사를 고백하고 표현하면
감사할 일이 더욱 많아져요.

SECTION 4

어린이 설교의 실제 Ⅲ
_ 성경주제 설교

: 성경주제 설교는 성경의 주제와 적용을 강조한다

● ● ● ● ●

S·E·R·M·O·N·01

기도

: 나도 기도할 수 있어요

- ▶ 설교 제목 : 나도 기도할 수 있어요
- ▶ 성경 본문 : 요한복음 15:7, 데살로니가전서 5:17
- ▶ 핵심 말씀 : 요한복음 15:7
  너희가 내 안에 거하고 내 말이 너희 안에 거하면 무엇이든지 원하는 대로 구하라 그리하면 이루리라
- ▶ 참고 말씀 : 예레미야 29:12
  너희가 내게 부르짖으며 내게 와서 기도하면 내가 너희들의 기도를 들을 것이요
- ▶ 설교 키워드 : 기도, 기도의 방법, 기도의 응답
- ▶ 설교 목표 : 기도가 무엇인지 배우고, 기도를 통해 하나님과 가까이 지내는 믿음의 사람이 되게 한다.

1. 마음의 문을 열며

　미국에서 남북전쟁이 일어났을 때 이야기입니다. 전쟁이 치열한 어느 날이었어요. 어떤 유명한 배우가 대통령 링컨의 초청으로 대통령 집무실에 머물게 되었어요. 저녁 식사를 하고 링컨과 여러 이야기를 하다가 밤늦게 잠자리에 들었어요. 잠을 자려고 하는데 계속 펑! 펑! 하는 대포 소리에 잠이 깼어요. 겨우 다시 잠이 들었는데 새벽에 누가 울고 있는 소리가 들려서 더 이상 잠을 잘 수 없었어요. 침대에서 일어나 우는 소리를 따라가 보니 누구의 방이었을까요? 대통령의 방이었어요. 우는 듯한 소리는 링컨이 하나님께 기도하는 소리였습니다.

　"하나님, 저는 부족한 대통령입니다. 나의 힘으로는 이 전쟁에서 이길 수 없습니다. 전쟁에서 죽어가는 젊은이들을 지켜주세요."

　이 배우는 기도하는 대통령의 모습을 보고 충격을 받아 더 존경하게 되었습니다.

　친구들, 링컨은 왜 하나님께 기도했나요? 맞아요. 자기 힘으로 나라를 다스릴 수 없다는 것을 알았기 때문이에요. 링컨은 하나님이 도와주실 것을 믿고 하나님께 기도하고 힘을 얻게 되었습니다. 링컨은 이런 말을 남겼습니다. "내 지혜, 내 능력, 내 노력만 가지고는 나는 아무것도 할 수 없다. 그래서 나는 하나님의 도우심을 위해 기도한다."

친구들도 하나님께 기도하는 사람인가요? 예수님은 우리가 기도하면 하나님이 기도를 들어주신다고 약속하셨어요. 목사님을 따라서 말합니다. "나도 기도할 수 있어요!"

성경 속으로 다 함께 Go! Go! (∗다 함께 외친다)

2. 성경 속으로

친구들, 기도가 무엇인가요? 기도에 대해서 잘 알고 있나요?

요한복음 15장 7절을 다 함께 읽어보아요.
"너희가 내 안에 거하고 내 말이 너희 안에 거하면 무엇이든지 원하는 대로 구하라. 그리하면 이루리라."

예수님은 우리에게 기도를 가르쳐주셔요. 예수님은 항상 하나님 아버지께 기도하셨어요.

첫째, 기도가 무엇일까요? 기도는 천국 전화입니다.
기도는 천국으로 거는 직통전화(Hot Line)와 같아요. 하나님께 언제든지 말씀드릴 수 있어요.
"민수야!"

"네, 선생님. 안녕하세요?"

교회 선생님이 길을 가다가 민수를 만났어요.

"민수야, 전화번호부 책을 가지고 뭐 하고 있니?"

"예, 전화번호를 찾고 있어요."

"너 피자시켜 먹으려고 피자가게 전화번호를 찾고 있구나?"

"아니에요, 선생님."

"그러면 컴퓨터가 고장이 나서 AS센터를 찾고 있나?"

"아니에요, 선생님. 걱정거리가 생겨서 도움을 받을 수 있는 곳의 전화번호를 찾고 있었어요. 이 전화번호부 책이 어려운 문제를 해결해줄 사람을 알려주면 좋겠어요. 밤이나 낮이나 언제든지 전화할 수 있는 번호 말이에요."

"그래, 민수야. 그것을 직통전화라고 하지. 엄마, 아빠에게 말하듯이 어려운 일이 있을 때 이야기하고 도움받을 수 있는 전화가 있단다. 그것이 천국으로 거는 전화야. 하나님 아빠에게 하는 전화이지."

"예? 천국으로 거는 전화? 선생님, 하나님도 핸드폰을 가지고 계신가요?"

"기도가 하나님께 거는 천국 전화야. 천국 전화는 언제 어디서든지 전화할 수 있어. 그리고 돈도 필요 없어. 친절하고 사랑이 많으신 하나님은 우리의 전화를 받으신단다. 민수야, 너는 하나님 아버지를 믿고 있지?"

"예, 선생님. 당연하지요."

"예수님을 나의 구원자로 믿고 있니?"

"아멘! 믿습니다."

"그러면 너는 천국 전화를 할 수 있어."

둘째, 기도는 하나님과 이야기하는 거예요.

"아빠! 회사 잘 다녀오셨어요? 저는 오늘 학교에서 잘 지냈어요. 특히 글짓기 시간이 너무 좋았어요. 친구들과 점심도 맛있게 먹었고요. 아빠는 일하느라 힘드시진 않았어요?"

"그래, 괜찮았어. 라희가 학교에서 재미있었다니 아빠도 기분이 참 좋구나."

친구들, 지금 목사님이 누구하고 얘기했죠? 네, 아빠와 딸이 되어서 얘기했죠. 이처럼 기도는 하나님 아빠와 이야기를 나누는 것이에요. 친구들, 어떻게 하면 기도를 통해 하나님 아빠와 이야기할 수 있을까요? '기도의 방법'을 알려 줄게요.

1) 기도하려면 하나님 아버지를 불러야 합니다.

"하늘에 계신 하나님 아버지!"

하나님 말고 다른 이름을 부르면 안 돼요. 부처님, 될까요? 안 될까요? 안 돼요. 선생님, 안 돼요. BTS, 안 돼요. 오직 하나님 아버지를 불러야 해요.

2) 기도할 때 "고맙습니다"라는 얘기를 합니다.

좋은 아빠와 엄마를 주셔서 고맙습니다. 학교에 다닐 수 있게 해주셔서 고맙습니다. 교회에 와서 예배드릴 수 있어서 고맙습니다. 그리고 예수님을 믿게 해주셔서 정말 고맙습니다.

3) "용서해주세요"라고 말해보세요.

하나님의 마음을 아프게 한 것이 있으면 용서를 빌어야 해요. 하나님은 죄가 있으면 우리의 기도를 듣지 않으세요. "하나님, 제가 친구를 미워했어요. 동생을 때렸어요. 거짓말했어요. 이 모든 죄를 용서해주세요"라고 말하세요.

4) "소원을 들어주세요"라고 말해보세요.

마음의 소원이 있으면 하나님 아버지께 기도하면 들어주세요. 하나님 아버지는 좋은 것을 주시는 분이기에 친구들의 소원을 들어주셔요. 그러나 내 욕심만을 위해서 기도하지 말고 하나님이 좋아하고 기뻐하시는 소원을 먼저 말씀드려 보세요. 친구들, 나의 소원도 중요하지만 다른 친구의 소원을 위해서도 기도해보세요. 이것을 중보기도라고 하는데 부모님을 위해서, 친구들을 위해서, 교회를 위해서 하나님께 기도해보세요.

5) "예수님의 이름으로 기도합니다. 아멘"이라고 마지막으로

기도합니다.

예수님의 이름으로 기도하는 것이 중요하지요. 거룩하신 하나님과 우리 죄인을 연결해주시는 분이 예수님이시죠. 중보자 예수님을 통해서 하나님께 예배하고 기도할 수 있어요.

친구들, 목사님을 따라 해보세요. 손을 펴고 손가락을 굽힐 때마다 따라서 말합니다. (＊손가락 그림/사진을 보여주면서 설명한다)

하나, '하나님 아버지!'

둘, '고맙습니다!'

셋, '용서해주세요!'

넷, '들어주세요!'

마지막으로, '예수님의 이름으로 기도합니다. 아멘!'

기도를 통해 하나님과 이야기하면서 하나님과 사이좋게 지내는 친구들이 되세요.

셋째, 기도가 무엇일까요? 기도는 숨을 쉬는 거예요.

(＊갑자기 두 손으로 코를 잡고 숨을 못 쉬어 얼굴을 붉힌다)

휴~ 죽을 뻔했네…. 목사님이 왜 이렇게 힘들어하나요? 네, 숨을 못 쉬니까 이렇게 되었어요. 친구들, 자기 손으로 코를 잡아보세요. 숨을 쉬지 않고 얼마나 견딜 수 있어요? 10초를 재볼게요. 모두 손을 내리세요. 숨을 쉬는 것이 중요한 줄 알았죠? 숨을 쉬지 못하면 죽게 되어요. 이처럼 하나님께 기도하는 것은 숨을 쉬는 것과 같아요. 하나님의 자녀는 기도해야 살 수 있어요.

그래서 바울 목사님은 데살로니가교회의 성도와 친구들에게 편지를 썼어요.

데살로니가전서 5장 17절을 다 함께 읽어보아요.
"쉬지 말고 기도하라."

목사님을 따라서 말해봅니다.
"기도는 숨을 쉬는 것이다. 기도는 호흡이다."

3. 마음을 다지며 삶 속으로

어린이 여러분, 기도에 대해서 잘 배웠나요? 기도를 실천해서 기도의 축복을 누리는 친구들이 되기를 바랍니다. 기도가 무엇인가요?

첫째, 기도는 천국으로 거는 직통전화입니다.
둘째, 기도는 하나님 아버지와 이야기를 나누는 것이에요.
셋째, 기도는 호흡입니다. 숨을 쉬는 것과 같아요.
기도하는 어린이가 되어 하나님 아버지와 친하게 지내고 영적으로 건강한 친구들이 되길 바랍니다. 하나님의 응답과 축복을 받는 친구들이 되길 바랍니다. 기도하면 하나님이 들으시고 반드시 선물을 주십니다. 하나님은 기도를 통해 친구들을 만나고 싶어 하셔요.

기도를 들으시는 하나님, 기도를 통해 하나님을 알아가고 기도 응답을 받아 하나님께 영광 돌리도록 도와주세요. 예수님의 이름으로 기도합니다. 아멘.

S·E·R·M·O·N·02

십자가

: 믿음의 눈으로 십자가를 바라보아요!

- ▶ **설교 제목** : 믿음의 눈으로 십자가를 바라보아요!
- ▶ **성경 본문** : 민수기 21:4-9
- ▶ **핵심 말씀** : 요한복음 3:14-15

  모세가 광야에서 뱀을 든 것같이 인자도 들려야 하리니 이는 그를 믿는 자마다 영생을 얻게 하려 하심이니라

- ▶ **참고 말씀** : 히브리서 12:2

  믿음의 주요 또 온전하게 하시는 이인 예수를 바라보자

- ▶ **설교 키워드** : 믿음, 십자가, 구원
- ▶ **설교 목표** : 십자가에 달리신 예수님을 믿음으로 바라보고 매일의 삶에서 예수님을 의지하는 어린이가 되게 한다.

1. 마음의 문을 열며

친구들, 목사님이 퀴즈를 낼게요. 이것은 무슨 동물일까요? 아주 무서운 동물입니다. 이것에 물리면 너무 아파요. 그리고 온몸에 독이 퍼져 죽을 수도 있어요. 다리, 눈꺼풀, 귓구멍이 없고, 혀는 두 가닥으로 갈라져 있어요. 머리를 쳐들고 다녀요. 몸은 가늘고 길며 온통 비늘로 덮여 있어요. 너무 징그러워요. 네, 뱀 맞아요. (*뱀 그림/사진을 보여준다)

이스라엘 사람들이 광야를 지나 가나안 땅으로 들어가고 있어요. 하나님이 약속하신 축복의 땅입니다. 하지만 가나안 땅으로 가는 길이 쉽지 않았어요.

"이보게, 친구."

"왜 그래?"

"도대체 얼마 동안 이 광야에서 이렇게 살아야 하는 거야? 정말 하나님이 살아계신 거 맞아? 나는 하나님과 저 모세를 믿지 못하겠어. 힘들어 죽겠네."

친구들, 오늘 성경에서 어떤 일이 일어나고 있나요?

성경 속으로 다 함께 Go! Go! (*다 함께 외친다)

2. 성경 속으로

사람들이 하나님께 불평하고 원망하는 죄를 지었어요. 이 죄는 가벼운 죄가 아니에요.

"모세! 우리에게 물을 주시오."

"그렇소. 물을 주시오. 왜 우리를 애굽에서 끌어내 물도 없고 맛있는 음식도 없는 광야에서 죽게 만드는 거요? 하나님은 어디 계신 거요?"

사람들이 원망하는 더 큰 이유가 있어요. 그것은 길을 걸어서 가나안 땅으로 가는데 원래 쉬운 길보다 멀리 돌아서 가게 되었기 때문이에요. 에돔 땅으로 돌아가는 먼 길로 가게 된 거예요. 하나님은 불평하고 원망하는 이스라엘 사람들의 목소리를 들으셨어요. 하나님은 어떻게 하셨을까요?

"너희들, 또 불평하고 원망하네. 그 목소리 참 반갑다. 하하하."
이렇게 하셨나요?

친구들, 이스라엘 사람들이 하나님께 원망하고 불평하는 일이 이번 처음이 아니에요. 몇 번이나 그렇게 했어요. 하나님은 사람들에게 뱀을 보내 심판하셨어요. 보통 뱀이 아닌 불뱀이었어요. (＊불뱀 그림/사진을 보여준다)

"엄마! 엄마! 이게 뭐예요?"

스르륵 스르륵. "악!"

불뱀이 한 어린이의 다리를 물었어요.

"여보! 여보! 이쪽으로 와요. 여기는 불뱀이 없어요."

"휴, 살았다."

"여보."

"왜 그래?"

"옆에… 옆에… 불뱀이 있어요."

"으악!" 켁!

 불뱀이 사람들을 물어 죽이기 시작했어요. 어른도 물고, 아이도 물고, 뚱뚱이도 물고, 홀쭉이도 물고, 키 큰 사람도 물고, 키 작은 사람도 물고 닥치는 대로 물었어요. 친구들, 불뱀은 아주 무서운 뱀이에요. 불뱀에 물리면 몸에서 통증이 생기고 열이 나면서 온몸이 붉어져요. 그래서 불뱀이라고 불러요.

"하나님! 살려주세요! 잘못했어요. 우리가 하나님을 믿지 않고 하나님을 원망하는 죄를 지었어요. 용서해주세요. 살려주세요. 흑흑흑."

 사람들은 하나님께 잘못을 뉘우치기 시작했어요.

"모세! 하나님께 기도해주세요. 우리가 잘못했으니 하나님께 기도해서 불뱀이 떠나가게 해주세요. 제발 부탁입니다."

"하나님! 저 사람들의 죄를 용서해주세요. (*무릎을 꿇고 간절하게 기도하는 몸짓을 한다) 하나님, 사람들을 살려주세요. 하나님,

어떻게 하면 사람들이 살 수 있어요? 방법을 가르쳐주세요."

모세는 울면서 간절히 기도했어요.

"모세야! 사람들이 살 수 있는 방법을 알려주겠다. 너는 지금 큰 나무 장대에 구리로 놋뱀을 만들어 달아라. 그 장대에 달린 놋뱀을 쳐다보는 사람은 살게 될 것이다."

"놋뱀을 만들어 사람들이 보게 하라고요?"

모세는 하나님의 말씀대로 긴 장대에 구리로 만든 놋뱀을 만들어 달았어요. (＊장대를 준비하고 뱀을 달아서 보여준다. 또는 장대에 달린 뱀 그림/사진을 보여준다)

"여러분! 하나님께서 우리가 살 방법을 보여주셨습니다. 모두 고개를 들고 구리로 만든 이 놋뱀을 쳐다보세요. 그러면 살 것입니다. 하나님이 말씀하셨습니다."

"지금 빨리 쳐다보세요! 놋뱀을 바라보아요!" (＊다 함께 큰소리로 말한다)

사람들은 놋뱀을 쳐다보면 살 수 있다는 하나님의 말씀을 믿고 쳐다보았어요.

"다리가 너무 아파. 에이! 놋뱀을 쳐다보아야겠다. 이상하네. 아프지 않아. 열이 없어졌어. 살았다! 하나님, 감사해요!"

놋뱀을 쳐다본 사람들에게 기적이 일어났어요. 몸에서 독이 빠지기 시작하고 열이 내렸어요.

"뭐야? 구리로 만든 놋뱀을 쳐다보라고? 웃기고 있네? 그거 너무 쉬운 일이잖아. 그렇게 한다고 불뱀에 물린 게 나을 거 같아? 빨리 의사를 불러와. 엄마, 약 줘."

사람들은 하나님의 말씀을 믿지 않고 놋뱀을 쳐다보지 않았어요. 그런 사람들은 어떻게 되었을까요? 몸에 고통을 느끼면서 죽게 되었어요.

친구들, 죄를 지은 이스라엘 사람들이 불뱀에 물려 죽는 벌을 받았어요. '공의의 하나님' 이심을 보여주지요. 하지만 '사랑의 하나님' 은 사람들이 살 수 있는 방법을 알려주셨어요. 놋뱀을 바라보라는 하나님의 말씀을 믿고 놋뱀을 쳐다보는 것입니다. 놋뱀을 쳐다본 사람은 살았고 쳐다보지 않은 사람은 죽었어요.

친구들, 예수님을 믿지 않고 살아가는 죄인은 죄의 병에 걸려서 죽게 되어요. 불뱀에 물려 죽어가던 사람들이 놋뱀을 쳐다보니까 살게 된 것처럼 죄인은 어떻게 해야 구원을 받을 수 있나요? 십자가에 달리신 예수님을 믿으면 내가 지은 죄를 용서받아요. 불뱀에 물려서 죽어가던 사람들이 다 나은 것처럼 죄를 용서받고 하나님의 자녀가 되어요.

요한복음 3장 14절~15절을 다 함께 읽어보아요.
"모세가 광야에서 뱀을 든 것같이 인자도 들려야 하리니 이는 저를 믿는 자마다 영생을 얻게 하려 하심이니라."

3. 마음을 다지며 삶 속으로

어린이 여러분, 착한 일을 많이 한다고 죄가 없어지고 구원받는 것이 아니에요. 예수님을 믿는 사람이 구원을 받고 영생의 선물을 받아요. 예수님을 믿지 않는 사람은 어떻게 되나요? 놋뱀을 쳐다보지 않다가 광야에서 죽는 사람과 같아요. 친구들, 믿음으로 구원받는 것이 제일 중요해요. 구원받고 공부하고, 구원받고 태권도하고, 구원받고 여행 다니고…. 구원받지 않고 내가 하고 싶은 것을 하는 것은 의미가 없어요. 예수님이 나의 죄를 위해서 십자가에 달려 죽으신 것을 믿는 믿음을 가지고 있나요?

우리는 광야의 이스라엘 사람들같이 죄를 지은 죄인이에요. 친구를 미워하고 욕할 때가 있지요. 쉽게 불평하고 거짓말을 밥 먹듯이 해요. 부모님의 말씀을 끝까지 듣지 않고 고집을 피울 때가 있지요. 친구들, 죄는 불뱀처럼 우리 마음에 들어와서 우리를 죽게 만들어요. 죄인은 마귀의 자녀로 살아가게 되어요. 하지만 죄를 회개하고 예수님을 믿는 사람은 용서받고 하나님의 자녀로 멋있게 살아가게 되어요.

목사님을 따라서 말합니다.

"지금 이 시간 예수님의 십자가를 바라봅니다."

친구들, 무엇을 하든지 예수님을 바라보는 선택을 하기 바랍니다. 믿음의 눈으로 예수님을 볼 수 있어요. 성경 속에서 예수님을 만날 수 있어요. 성령님이 내 안에 살아계셔요. 죄를 지었을 때 십자가의 예수님을 바라보세요. 몸이 아플 때 십자가의 예수님을 묵상하세요. 어려운 수학 숙제를 할 때 예수님을 의지하세요. 시험을 칠 때 예수님께 기도하세요. 언제, 어디에 있든지 예수님을 바라보는 믿음의 사람이 되기를 바랍니다. 하나님은 믿음으로 살아가는 친구들과 함께하십니다.

능력의 하나님, 믿음의 눈으로 예수님의 십자가를 바라보게 하시고 내 삶의 모든 문제가 해결되도록 도와주세요. 예수님의 이름으로 기도합니다. 아멘.

S·E·R·M·O·N·03

교만

: 교만하면 큰일 나요!

- ▶ **설교 제목** : 교만하면 큰일 나요!
- ▶ **성경 본문** : 다니엘 5:1-31
- ▶ **핵심 말씀** : 다니엘 5:20

그가 마음이 높아지며 뜻이 완악하여 교만을 행하므로 그의 왕위가 폐한 바 되며 그의 영광을 빼앗기고

- ▶ **참고 말씀** : 잠언 16:18

교만은 패망의 선봉이요 거만한 마음은 넘어짐의 앞잡이니라

- ▶ **설교 키워드** : 교만, 겸손, 심판
- ▶ **설교 목표** : 교만이 얼마나 무서운지를 알게 하고 하나님과 사람 앞에서 겸손한 사람으로 살도록 한다.

1. 마음의 문을 열며

"민재야, 나 최신 게임기 샀다. 야호!"

"그래? 한번 구경해보자."

"너는 게임기 없지? 네 아빠는 왜 이것도 안 사주시니? 히히."

규진이는 최신 게임기를 샀다고 자랑하면서 민재를 무시했어요. 규진이는 학교에서, 학원에서, 교회에서 만나는 친구들에게 최신 게임기가 있다고 자랑하고 뽐내었어요.

친구들, 자기가 가진 것을 자랑하고 내가 대단하다고 뽐내는 것을 무엇이라고 하나요? 교만입니다. 우리 주위에 교만한 사람이 있나요? 누가 교만한 사람일까요? 오늘 성경에서 교만한 사람을 만나 보게 됩니다. 하나님도 무시하고 자기가 최고인 줄 아는 사람이에요. 이런 사람의 결말은 어떻게 될까요?

성경 속으로 다 함께 Go! Go! (＊다 함께 외친다)

2. 성경 속으로

바벨론 나라에 벨사살 왕이 있었어요. 하나님을 믿지 않고 성질이 고약하고 못된 왕이었어요.

"여봐라."

"예, 왕이시여."

"오늘 저녁에 큰 잔치를 열 것이다. 준비하거라."

"예? 조금 있으면 저녁 시간인데 어떻게 큰 잔치를 준비합니까?"

"뭐야? 준비 못하겠다는 거냐? 왕의 명령을 거역하다니. 여봐라, 이놈을 당장 감옥에 넣어라."

"아닙니다. 왕이시여, 당장 준비하겠습니다."

"지금 당장 우리나라에 살고 있는 귀족들을 불러라."

"왕이시여! 몇 명을 부르면 되겠습니까?"

"천 명의 귀족을 불러서 잔치를 할 테니 사람들을 불러라."

"예? 천 명이요?"

벨사살 왕은 천 명의 귀족을 불러서 잔치를 벌였어요.

"벨사살 왕님! 오늘 이렇게 우리 귀족들을 부르고 잔치를 열어주시니 정말 감사합니다. 그런데 이 술잔은 처음 보는 것인데요?"

(*큰 찻잔을 준비해서 보여준다)

"하하하! 그렇지. 처음 보지? 그것은 바로 우리 아버지 느부갓네살 왕이 이스라엘 나라를 공격해서 빼앗아 온 것이다."

"이것은 어디에 쓰던 물건인가요?"

"그것은 하나님을 믿는 이스라엘 백성이 예배드릴 때 쓰던 물건들이야. 하하하."

"네? 하나님께 예배하는 물건이라고요?"

"부어라! 마셔라! 신나게 놀자! 마음껏 먹고 마시고 놀다가 가거

라. 하하하."

친구들, 벨사살 왕은 악한 사람이었어요. 예루살렘 성전에서 가져온 금잔과 금 대접으로 술과 음식을 먹었어요. 하나님께 예배를 드릴 때 사용하는 그릇과 금잔과 은잔을 가지고 술을 마신 거예요. 벨사살 왕은 교만한 왕이었어요. 하나님보다 자기가 더 높다고 생각하고 하나님을 무시했어요.

"왕이시여, 이 금잔과 은잔으로 술을 마시니 술맛이 더욱 좋습니다."

"그렇지? 하하하."

친구들, 벨사살 왕의 악한 행동은 여기서 멈추지 않았어요. 음악을 연주하면서 벨사살 왕은 노래를 불렀어요.

"왕이시여, 무슨 노래입니까?"

"이 노래는 금으로 만든 신, 은으로 만든 신, 나무로 만든 신, 돌로 만든 신을 찬양하는 노래이다. 하나님을 빼고 이 세상에 있는 모든 신을 찬양하라. 하하하~"

친구들, 찬양과 경배는 하나님께만 드려야 해요. 벨사살 왕은 하나님이 아니라 다른 신들을 찬양하고 있어요. 잔치에 모인 사람들은 모두가 술에 취해서 비틀거리고 있었어요. 이때 갑자기 어떤 사람이 소리를 질렀어요.

"으악! 귀신이다!"

"웬 소란이냐?"

"왕이시여, 저기 왕궁 벽을 한번 보십시오."

왕궁 벽에 사람의 손이 있는 거예요. 사람의 손만 보이고 아무것도 없었어요. 갑자기 손가락이 벽에다가 글씨를 '스르르륵' 쓰는 거예요. (*벽에 나타난 손가락 그림/사진을 보여준다) 사람들이 너무 놀라 소리를 지르고 기절하기도 했어요.

누가 제일 놀랐을까요? 벨사살 왕이었어요.

술을 마시다가 숨이 막힐 정도로 놀랐어요.

"여봐라. 저것을 빨리 지우라. 저 글씨 보기 싫다."

그런데 지우려 했지만 지워지지 않았어요. 갑자기 왕궁이 조용해졌어요. 음악도 멈추고 사람들도 술을 그만 마시게 되었어요. 겁에 질린 왕이 떨리는 목소리로 말합니다.

"여봐라. 지금 박사들과 점쟁이들을 불러서 저 글씨가 무슨 뜻인지 해석하도록 하라. 글씨의 뜻을 아는 사람에게는 큰 상을 내리겠다."

왕궁 안에 있는 박사들과 점쟁이들이 왕 앞에 나왔어요.

"왕이시여, 저 글씨는 아주 좋은 글입니다."

"오, 그래?"

"모두 다 술을 더 많이 마시고 춤을 많이 추라는 글씨입니다."

친구들, 맞나요? 아니에요.

그때 벨사살 왕의 어머니, 느부갓네살 왕의 아내가 왔어요.

"어머니, 저 글씨는 무슨 뜻입니까? 너무 무서워요. 흑흑흑."

"왕이시여, 걱정하지 마세요. 지금 이 나라에 가장 지혜롭고 똑똑한 사람이 있습니다. 그 사람은 느부갓네살 왕 때도 꿈을 해석한 사람으로 하나님을 믿는 다니엘입니다."

"다니엘을 데려오너라!"

다니엘이 벨사살 왕 앞에 나왔어요.

"다니엘, 저 벽에 있는 글씨가 무슨 뜻인지 말해주면 내가 큰 상을 내리고 너를 우리나라에서 3번째 높은 자리에 앉도록 하겠다."

"왕이시여. 상과 높은 자리는 필요 없습니다. 저는 하나님이 가르쳐주시는 대로 말할 뿐입니다. 잘 들으십시오. 저 글씨는 무서운 말입니다. 왕이 교만해서 하나님이 벌을 내리신다고 적혀 있습니다. 왕은 하나님의 물건으로 술을 마시고 또 다른 신들에게 찬양하는 죄를 지었습니다."

친구들, 어떤 글씨가 쓰여 있었나요? "메네 메네 데겔 우바르신." (*글씨를 그림/사진으로 보여준다) 이 말은 무슨 뜻인가요?

"첫째, 메네는 '수를 센다'는 뜻입니다. 하나님께서 바벨론이 끝날 때가 다 되었다고 말씀하십니다.

둘째, 데겔은 '저울에 달다'라는 뜻입니다. 저울이 있는데 무게를 달아보니 무게가 너무 가볍다는 말입니다. 착한 일도, 하나님을 기쁘시게 하는 일도 한 것이 없고 교만하기만 합니다.

셋째, 우바르신은 '나눈다'라는 뜻입니다. 바벨론이 두 나라에 넘어가게 됩니다. 이제 왕은 끝장났습니다."

　다니엘의 해석을 들은 벨사살 왕은 다니엘에게 큰 상을 내리고 나라의 3번째 자리에 앉게 했어요. 그런데 교만한 벨사살 왕은 다니엘이 말한 대로 죽고 말았어요. 벨사살이 잔치를 끝내고 있을 동안 적군이 성을 향해 돌진해와서 그날 밤에 왕이 죽었어요. 결국 바벨론 나라도 끝이 나고 두 나라, 메데와 페르시아가 차지했어요.

3. 마음을 다지며 삶 속으로

　어린이 여러분, 하나님이 제일 싫어하는 것이 교만입니다. 우리는 지나치게 자랑하고 잘난 체하는 것을 조심해야 해요. 교만의 반대가 무엇인가요? 겸손입니다.

　겸손한 사람은 어떤 사람일까요? 하나님을 제일 먼저 앞세우고 나는 뒤에 따라가는 사람입니다. 겸손한 사람은 '하나님이 무엇을 기뻐하실까?'라는 생각을 해요. 겸손한 사람은 하나님 말씀에 순종하고 하나님께 기도하는 사람입니다. 겸손한 사람은 다른 친구를 보고 내가 배울 점이 있나 찾아보고 친구의 장점을 칭찬하는 사람입니다.

　친구들, 아무리 돈이 많고 재능이 많아도 겸손하지 않으면 하나님의 복을 받지 못해요. 잘난 척, 죄 없는 척, 똑똑한 척하지 말아야 합니다. 하나님 앞에서 가난한 마음을 가지고 하나님을 의지하는 겸손한 친구들이 되기 바랍니다.

　친구들, 제일 큰 교만은 예수님을 믿지 않고 내 마음대로 살아가는 거예요. 나를 위해 예수님을 보내주신 하나님을 믿지 않는 교만한 사람은 영원히 멸망하게 되어요. 하나님을 최고로 생각하고 하나님을 높이는 겸손한 친구들이 되기 바랍니다. 하나님의 저울에 나의 믿음을 달아보았을 때 "내가 찾던 겸손한 친구다!"라는 하나님의 칭찬을 듣기 바랍니다.

　목사님을 따라서 말합니다.

　"교만하면 큰일 나요!"

　"겸손하면 복을 받아요!"

교만을 싫어하시는 하나님, 하나님과 사람 앞에서 겸손한 사람이 되어 하나님이 높여주시는 사람이 되도록 도와주세요. 예수님의 이름으로 기도합니다. 아멘.

S·E·R·M·O·N 04

 용서

: 친구가 미워질 때 어떻게 할까요?

- ▶ **설교 제목** : 친구가 미워질 때 어떻게 할까요?
- ▶ **성경 본문** : 사무엘상 24:1-22
- ▶ **핵심 말씀** : 사무엘상 24:10
  오늘 여호와께서 굴에서 왕을 내 손에 넘기신 것을 왕이 아셨을 것이니이다 어떤 사람이 나를 권하여 왕을 죽이라 하였으나 내가 왕을 아껴 말하기를 나는 내 손을 들어 내 주를 해하지 아니하리니 그는 여호와의 기름 부음을 받은 자이기 때문이라 하였나이다
- ▶ **참고 말씀** : 마태복음 5:44
  나는 너희에게 이르노니 너희 원수를 사랑하며 너희를 박해하는 자를 위하여 기도하라
- ▶ **설교 키워드** : 용서, 사랑, 은혜
- ▶ **설교 목표** : 누군가 미워질 때 하나님의 크신 사랑을 기억하고 용서와 사랑을 실천하는 어린이가 되게 한다.

1. 마음의 문을 열며

친구들, 손양원 목사님을 아는 친구가 있으면 한번 손들어보세요. (＊손양원 목사님 그림/사진을 보여준다) 손양원 목사님은 자신의 두 아들, 동인이와 동신이를 죽인 사람을 용서하고, 자신의 양아들로 삼아 돌보아주신 목사님이에요. 어떻게 이렇게 할 수 있을까요? 손양원 목사님의 별명이 '사랑의 원자탄'이에요. 폭탄 같은 사랑을 사람들에게 보여주신 예수님을 닮은 목사님입니다. 사랑과 용서를 실천했던 목사님을 생각해봅니다.

친구들, 학교와 학원에서 만나는 친구들 중에서 원수 같은 친구가 있나요? 누가 나를 이유 없이 미워하고 괴롭히면 너무 힘들지요? 오늘 성경에서 사울 왕에게 미움을 받아 도망을 치는 다윗을 만나게 됩니다.

성경 속으로 다 함께 Go! Go! (＊다 함께 외친다)

2. 성경 속으로

"사울 왕이시여! 다윗이 엔게디 광야에 있다는 첩보가 들어왔습니다. 지금 다윗을 잡으러 가면 좋겠습니다. 명령만 내리세요."
"그래? 가자."

사울 왕은 다윗을 잡으러 싸움을 가장 잘하는 3천 명의 정예병을 데리고 엔게디 광야로 갔어요.

"다윗 장군님, 우리는 언제까지 도망을 다녀야 합니까? 우리가 사울 왕을 먼저 공격합시다."

다윗의 부하들이 다윗에게 제안했어요.

"아니야. 사울 왕은 하나님이 벌을 주실 거야. 죽이면 안 돼. 그건 그렇고… 오늘 날씨가 너무 더운데 저기 동굴로 가서 좀 쉬자."

다윗과 부하들은 날씨가 더워서 큰 바위 절벽에 있는 동굴로 들어갔어요. 동굴은 이렇게 생겼어요. (*동굴 그림/사진을 보여준다)

"하나둘, 하나둘. 앞으로 가!"

사울 왕과 3천 명의 군인들이 다윗을 잡으러 오고 있었어요.

"그만! 멈추어라!"

사울 왕이 갑자기 길을 멈췄어요. 사울 왕의 얼굴을 보니 무슨 일이 있는지 표정이 안 좋았어요.

"사울 왕님, 왜 그러세요?"

"응, 나 있잖아…. 오줌 누고 싶어. 화장실 갈래."

사울 왕은 오줌을 누고 싶어서 동굴로 들어갔어요.

"야, 쉿! 조용히 해. 저기 지금 누가 오고 있어."

"어? 사울 왕이잖아?"

친구들, 지금 다윗과 부하들이 어디에 있지요? 예. 동굴 속에 숨어서 쉬고 있었어요. 그런데 다윗이 있는 동굴 안으로 사울이 들어

오고 있는 거예요.

사울 왕은 오줌을 누고 나서 동굴에서 쉬며 잠을 자게 되었어요.

"다윗 장군님." 다윗의 부하가 말했어요.

"왜 그러느냐?"

"장군님, 여기 칼이 있습니다."

"그 칼로 무엇을 하려고? 사과를 깎아 먹으려고 그러니?"

"아닙니다. 장군님, 이 칼로 사과를 깎아 먹는 게 아니고 저기 잠을 자고 있는 사울 왕을 죽여버립시다."

"사울 왕을 죽이자고?"

"예. 사울은 우리의 원수입니다. 아무런 잘못도 없는 장군님을 괴롭히고 죽이려는 사울은 원수이지요. 빨리 사울을 죽이고 왕이 되세요."

"크르렁~ 푸~"

사울은 아무것도 모르고 잠을 자고 있었습니다. 사울의 부하들은 동굴 밖에서 사울 왕이 나오기를 기다리고 있었지요. 조심조심. 우리 친구들, 모두 조용히 하세요. 사울 왕이 깨면 큰일 납니다.

다윗은 조심해서 잠을 자고 있는 사울 옆으로 갔습니다. 다윗이 사울을 보면서, "당신이 나를 괴롭히고 나에게 창을 던져서 죽이려 했지요. 내가 오늘 당신을 죽이고 이스라엘의 왕이 될 거예요. 하나님도 당신같이 못된 사람은 싫어하실 거예요"라고 말했을까요? 아니에요.

다윗은 사울 왕을 보고 불쌍한 생각이 들면서 용서하는 마음이 생겼어요. 하나님이 다윗에게 사울을 용서하는 마음을 주셨어요. 그래서 칼로 사울 왕의 옷자락만 잘랐어요.

에이~ 쓱싹쓱싹, 에이~ 쓱싹쓱싹. (*칼로 옷을 자르는 시늉을 한다)

"장군님, 지금 뭐 하시는 겁니까? 칼로 사울 왕을 찔러야지 왜 옷을 잘라요?"

"잘 들어라. 내가 사울 왕을 죽이고 이스라엘의 왕이 되는 것은 하나님이 좋아하시는 일이 아니야. 나를 죽이려 하는 사울 왕은 하나님이 벌을 주실 것이다. 나는 사울을 용서한다. 나는 사울 왕을 죽이지 않겠다."

"잘 잤다. (*하품하면서 일어나는 행동을 한다) 이제 다윗을 잡으러 가야지."

"이봐. 저기 우리 사울 왕의 옷을 봐."

"사울 왕의 옷이 왜?"

"헐, 왕의 옷이 왜 저래? 거지 옷 같아."

사울은 동굴 밖으로 나왔어요.

"모두 다윗을 잡으러 간다. 출발! 아니, 내 옷이 왜 이래? 쥐가 내 옷을 잘라먹었나?"

친구들, 누가 사울 왕의 옷을 잘랐나요? 동굴 안에 있던 다윗이 동굴 밖으로 나아 언덕에서 사울 왕을 불렀어요.

"사울 왕이시여, 사울 왕이시여."

"아니? 누구 목소리야? 다윗이잖아. 다윗, 너 거기서 지금 뭐 하는 거야?"

"왕이시여, 당신이 동굴에서 잠을 자고 있을 때 나는 당신을 죽일 수 있었지만 죽이지 않았습니다. 나는 왕을 용서하고자 합니다. 그것을 어떻게 아냐고요? 이것을 보세요. 왕의 옷이 잘린 것은 쥐가 잘라먹은 것이 아니라 내가 잘랐습니다. 나는 왕을 죽일 생각이 없습니다."

"다윗, 나는 네가 미워서 죽이려 했는데 너는 나를 죽이지 않고 용서하는구나. 하나님이 너를 축복할 거야. 너는 반드시 이스라엘의 왕이 될 거야."

다윗을 죽이려 했던 사울의 입에서 다윗이 왕이 될 거라는 말이 나왔어요. 하나님은 사울을 용서하는 다윗을 다 보고 계셨어요. 하나님은 이런 다윗에게 축복을 주십니다. 친구들, 다윗은 사울을 죽일 수 있었지만 죽이지 않고 살려주었어요. 오늘 성경에서 다윗이 사울을 용서했다는 말은 나오지 않지만 다윗의 행동을 보면 용서를 생각하게 됩니다.

3. 마음을 다지며 삶 속으로

친구들, 나를 미워하고 괴롭히는 친구 때문에 속상한 친구가 있나요? 내가 싫어하는 원수 같은 사람이 있나요? 예전에 친한 친구였지만 지금은 사이좋게 지내지 못하는 친구가 있나요? 자꾸 짜증나게 하는 동생 때문에 마음이 힘든가요? 사실 용서는 아름다운 말이지만 내가 용서해야 할 일이 닥치면 용서하기가 쉽지 않아요. 목사님도 그것을 느껴요.

우리는 왜 용서해야 할까요? 왜 원수를 사랑해야 할까요? 예수님께서 죄인인 나를 위해 십자가에 못 박혀서 죽으셨기 때문이에요. 나를 사랑하시고 용서하신 예수님의 크신 사랑을 생각하면, 우리도 용서의 사람이 될 수 있어요. 남을 사랑하고 용서할 수 있는 힘은 나에게 있는 것이 아니라 예수님으로부터 주어지는 거예요.

친구들, 예수님이 나를 용서하신 것을 생각하고 친구의 작은 실수나 잘못은 그냥 넘어가 보세요. 친구 때문에 마음에 화가 나고 슬프다고 예수님께 기도로 말씀드리세요.

사랑이 무엇일까요? 사랑은 용서하고 기도해주고 복을 빌어주는 거예요. 나에게 베푸신 하나님의 크신 사랑을 잊지 마세요. 다윗처럼, 손양원 목사님처럼, 예수님처럼 사랑하고 용서하며 살아서 세상을 아름답게 만들어가는 우리가 모두 되어요.

'하나님의 은혜'를 생각하고, '하나님의 능력'으로 사랑하고 용서하는 친구들이 되기를 예수님의 이름으로 축복합니다.

목사님을 따라서 옆에 친구에게 인사합니다.

"친구야, 사랑해! 미안해! 축복해!"

 다 함께 기도해요

자비의 하나님, 바닷물 같은 큰 사랑과 용서를 주셔서 감사합니다. 시냇물 같은 사랑과 용서를 실천하도록 도와주세요. 예수님의 이름으로 기도합니다. 아멘.

S·E·R·M·O·N·05

섬김

: 으뜸이가 되고 싶어요!

- ▶ **설교 제목** : 으뜸이가 되고 싶어요!
- ▶ **성경 본문** : 마태복음 20:20-28
- ▶ **핵심 말씀** : 마태복음 20:27

  너희 중에 누구든지 으뜸이 되고자 하는 자는 너희의 종이 되어야 하리라

- ▶ **참고 말씀** : 마가복음 10:45

  인자가 온 것은 섬김을 받으려 함이 아니라 도리어 섬기려 하고 자기 목숨을 많은 사람의 대속물로 주려 함이니라

- ▶ **설교 키워드** : 섬김, 봉사, 비전
- ▶ **설교 목표** : 섬기러 오신 예수님을 본받아 세상을 변화시키는 비전을 갖는 어린이가 되게 한다.

1. 마음의 문을 열며

"지금부터 우리 반의 '으뜸이'(최고 어린이)를 뽑겠어요. 일주일에 한 명씩 '으뜸이'를 뽑아서 칭찬하고 상을 주기로 하겠습니다."

"와!"

"친구들은 어떤 어린이를 이번 주 우리 반의 으뜸이로 뽑을지 생각해보세요. 그리고 종이에 이름을 써보세요."

행복초등학교 2학년 1반에서는 친구들과 함께 으뜸이를 선출해서 상을 주기로 했어요. 어떤 친구가 으뜸이로 뽑혔을까요?

"어디 보자. 많은 친구가 으뜸이를 적었네요. (＊작은 종이를 들고 있다) 가장 많은 이름이 나온 친구가 오늘 으뜸이로 상을 받겠어요."

"얘들아, 이번 주 으뜸이 상은 민수가 받겠지? 걔는 공부를 제일 잘하잖아."

"아니야. 정은이가 받을 거야. 반장이잖아."

"아니야. 현정이가 될 거야. 자기 생일에 모든 친구에게 햄버거를 사줬어."

"나는 희람이를 으뜸이로 뽑았는데…."

"지금부터 우리 반의 으뜸이를 발표하겠습니다."

"조용히 해. 잘 들어보자."

"우리 반의 으뜸이는… 두구두구… 다리를 다친 친구의 가방을 들어주고 옆에서 잘 도와준 희람이가 뽑혔습니다."

"반장도 아니고, 친구에게 햄버거를 사준 친구도 아니고, 공부를 제일 잘하는 친구도 아니라 어려운 친구를 도와준 친구가 으뜸이로 뽑혔어요. 다 함께 박수!"

친구들, 예수님은 누구든지 으뜸이가 되려면 먼저 섬기는 사람이 되어야 된다고 말씀하십니다. 목사님을 따라서 말합니다. "섬기는 사람이 될래요!" 지금부터 예수님의 이야기를 들어보아요.

성경 속으로 다 함께 Go! Go! (＊다 함께 외친다)

2. 성경 속으로

예수님과 제자들이 아침을 먹으려고 할 때 어떤 엄마가 예수님을 찾아왔어요.

"예수님, 안녕하세요. 드릴 말씀이 있어서 왔습니다. 우리 두 아들 있잖아요. 야고보와 요한이요."

"야고보와 요한의 어머니가 오셨네요. 야고보와 요한은 내가 사랑하는 제자입니다."

"예수님도 잘 아시네요. 예수님, 우리 두 아들 야고보와 요한을 예수님 옆에 두고 높은 자리에 앉게 해주세요. 예수님의 우편과 좌편에 앉도록, 제발요~" (＊두 손을 모아 부탁하는 시늉을 한다)

친구들, 야고보와 요한의 어머니는 두 아들을 예수님 다음으로 높은 자리 앉는 큰 사람이 되게 해달라고 예수님께 부탁했어요.

"뭐야? 야고보와 요한이 예수님 다음으로 높은 사람이 되게 해달라고 말했다고?"

이 소식을 들은 열 명의 제자는 화가 났어요.

"우리도 높은 사람이 되게 해달라고 예수님께 말씀드리자."

"예수님! 저 아시죠? 베드로예요. 예수님의 수제자가 왔어요. 저는 고기를 많이 잡았잖아요? 저를 높은 자리에 앉게 해주세요."

"예수님, 저 빌립이에요. 저는 머리가 좋잖아요. 높은 사람이 되게 해주세요."

"예수님, 우리도요. 우리 모두 높은 사람이 되고 싶어요. 유명해지고 싶어요."

예수님은 말씀하셨어요. "그래? 정말 높은 사람이 되고 싶니? 그러면 먼저 섬기는 자가 되어라. 먼저 종이 되어라!"

"예? 종이 되라고요?"

예수님은 제자들에게 섬기는 사람, 종이 되라고 말씀하셨어요.

친구들, 높은 사람이 되고 높은 자리에 앉는 것이 잘못된 것이 아니에요. 그런데 높은 사람이 되기 전에 예수님은 먼저 어떤 사람이 되라고 말씀하셨지요? 섬기는 사람입니다. 종이 되어야 합니다. 사람들에게 박수를 받고 칭찬을 듣는 으뜸이가 되려면 남을 섬기는 종이 되어야 해요.

예수님의 말씀이 이상하지 않나요? "높은 자리에 앉으려면 먼저 종이 되어야 한다." 우리 친구들 중에 "예수님, 저는 종 안 할래요. 저는 섬기는 사람 안 될래요. 종은 싫어요"라고 말할 친구들이 있을 거예요. 하지만 하나님의 아들인 최고 높으신 예수님은 우리를 섬기기 위해 이 땅에 오셨어요. '왕'이신 예수님이 '종'이 되셨어요. 가장 높으신 예수님이 가장 낮은 종이 되어 우리를 섬겨주셨어요.

그러면 당연히 우리도 섬기는 사람이 되어야 해요. 예수님은 섬김을 받기 위해서 오신 것이 아니라 섬기러 오셨어요. 우리를 구원하기 위해 십자가에 자기 목숨을 내주셨어요. 예수님 때문에 우리가 구원받고 하나님의 자녀가 된 거예요. 그러면 우리도 집에서, 학교에서, 교회에서 섬기는 사람이 될 수 있어요.

목사님을 따라서 말합니다.

"예수님처럼 섬기는 사람이 될래요!"

이런 결심을 하는 친구는 한 손을 높이 들어보세요.

"아빠, 엄마, 제가 방 정리할게요. 그리고 심부름도 잘할게요."

"친구야, 너는 팔을 다쳤으니 내가 네 가방을 들어줄게."

"친구야, 내가 너를 위해 예수님께 기도했단다."

"선생님, 오늘 교실 청소는 제가 할게요."

친구들, 내가 섬기는 사람이 될 때 하나님이 나를 높여주세요. 으뜸이가 되게 해주셔요. 그런데 내가 먼저 으뜸이가 되려고 하고 다른 친구를 무시하면, 나는 낮아지게 되어요. 높아지려고 하다가 낮은 곳으로 떨어지게 됩니다. 내가 섬기고 다른 친구를 높여주면 내가 높아지는 사람이 되어요. 하나님 나라의 법칙은 이 세상 법칙과 반대예요.

3. 마음을 다지며 삶 속으로

어린이 여러분, 이 세상에는 남을 섬기며 살아가는 사람들이 많이 있어요. 부모님, 선생님, 의사, 간호사, 소방관, 목사님, 선교사님…. (*여러 가지 직업의 그림/사진을 보여준다) 우리 친구들은 앞으로 어떤 직업을 가지고 섬기면서 살래요? 친구들은 어떤 꿈과 비전이 있나요? 예수님처럼 섬기는 사람이 되는 꿈과 비전을 가져 보세요. 친구들이 무엇을 하든지 섬기는 사람이 되면 하나님이 높여주시는 으뜸이가 됩니다. 그리고 행복한 삶을 살게 됩니다.

'선다 싱'이라는 인도의 전도자가 있었어요. 어느 날, 선다 싱은 친구와 함께 눈 덮인 히말라야 산을 넘고 있었습니다. (*눈 덮인 히말라야 산 그림/사진을 보여준다) 얼마나 눈이 많이 왔는지 다리가 푹푹 잠겨서 앞으로 나아가기가 힘들 정도였어요. 둘이 한참을 걸어가는데 선다 싱의 발끝에 무엇인가 걸렸어요. 눈을 파보니 어떤 사람이 눈 속에 파묻혀 얼어 죽기 직전이었습니다. 선다 싱이 친구에게 말했어요.

"이 사람을 업고 가자. 안 그러면 여기서 죽고 말 거야."

친구가 말합니다. "이봐, 이 사람을 살리려다 우리 둘 다 죽고 말 거야."

그러면서 친구는 먼저 가버렸습니다.

선다 싱은 이 사람을 두고 갈 수 없었어요. 그 사람을 둘러업고 길을 다시 떠났어요. 사람을 업고 가다 보니 힘이 들어 몸에서 열이 날 정도였어요. 눈은 점점 많이 와서 겨우 앞으로 나아갔는데 다행히 선다 싱은 체온이 떨어지지 않고 그 열기로 버틸 수가 있었습니다. 그런데 한참을 가다 보니 또다시 발끝에 무엇인가가 걸렸어요. 누구일까요? 네, 앞에서 도와주지 않고 혼자 먼저 가 버린 친구였어요. 자기 혼자 살겠다고 떠난 친구는 결국 얼어 죽고 말았습니다.

친구들, 내가 옆의 친구를 도와주고 섬겨줄 때 나도 살고 친구도 살게 되어요. 남을 섬기면 하나님이 나를 잘되게 복을 주셔요. 섬기며 살아가는 예수님을 닮은 친구들이 되길 바랍니다.

아버지 되신 하나님, 예수님처럼 먼저 섬기고 낮아지는 종이 되어 우리나라와 전 세계 열방에서 하나님의 영광을 드러내는 사람이 될게요. 예수님의 이름으로 기도합니다. 아멘.

S·E·R·M·O·N·06

능력

: 예수님의 이름에는 능력이 있습니다

- ▶ 설교 제목 : 예수님의 이름에는 능력이 있습니다
- ▶ 성경 본문 : 사도행전 3:1-9
- ▶ 핵심 말씀 : 사도행전 3:6
  베드로가 이르되 은과 금은 내게 없거니와 내게 있는 이것을 네게 주노니 나사렛 예수 그리스도의 이름으로 일어나 걸으라 하고
- ▶ 참고 말씀 : 고린도전서 4:20
  하나님의 나라는 말에 있지 아니하고 오직 능력에 있음이라
- ▶ 설교 키워드 : 예수님의 이름, 능력, 기적
- ▶ 설교 목표 : 앉은뱅이와 같이 죽어가고 병든 영혼을 살리는 예수님의 능력을 믿으며 삶 속에서 기적의 주인공으로 살도록 한다.

1. 마음의 문을 열며

친구들, 이 사람은 왜 이렇게 앉아 있을까요? (*다리가 불편한 사람의 그림/사진을 보여준다) 앉아 있는 것이 좋아서요? 걷는 것이 싫어서요? 걷지를 못해서요?

"에이, 오늘도 내가 그 사람을 데려가야 해. 정말 하기 싫어."

"이봐, 누구를 말하는 거야?"

"누군지 몰라서 묻는 거야? 우리 교회 앞에 매일 앉아 있는 김 씨 아저씨 말이야."

"김 씨 아저씨는 왜 맨날 거기에 앉아 있대? 자기 집이 없어?"

"너 몰랐구나. 김 씨 아저씨 말이야…. 태어나면서부터 한번도 걸어보지를 못한 사람이야."

"그래?"

"엄마, 아빠도 없고, 친척도 없어. 그리고 거지야."

"거지? 너무 불쌍하구나."

"우리 동네 사람들이 돌아가면서 교회 문 앞에 그 사람을 데려다 놓는 거야. 에휴, 힘들지만 오늘도 해야겠네."

사람들은 매일 아침에 성전 문 앞에 걷지를 못하는 아저씨를 데려다 놓았어요.

성경 속으로 다 함께 Go! Go! (*다 함께 외친다)

2. 성경 속으로

"여러분, 한 푼만 주세요! 돈 좀 주세요! 나 아침도 못 먹었어요. 맛있는 밥을 먹고 싶어요. 그리고 옷도 살 수 있게 돈 좀 주세요!"
"얘, 꼬마야."
"왜 그러세요? 아저씨는 맨날 거기 앉아서 뭐 하시는 거예요?"
"꼬마야, 너 돈 있니?"
"돈이요? 있어요. 천 원 있어요."
"이 아저씨에게… 천 원을 줘."
"싫어요."
거지인 이 사람은 태어날 때부터 걷지 못하는 장애인이었어요.
"쟤 좀 봐. 걷지도 못하고, 뛰지도 못하고, 축구도 못해. 그리고 아빠, 엄마도 없대."
이 아저씨는 마흔 살이 되었는데 걷지도 못하고 돈도 없고 불쌍하게 살아가는 사람이에요.

"지금 몇 시가 되었지? 구 시, 오후 3시가 되었네. 교회에 가서 하나님께 기도해야 하는 시간인데…. 베드로 목사님! 어디 계세요?"
"요한! 저 여기 있어요."
"성전으로 가서 기도할 시간이에요. 기도는 즐거워요."
"아멘!"

베드로와 요한이 성전에 기도하러 올라가고 있는데 저쪽에서 큰 소리가 들렸어요.

"한 푼만 주세요. 돈 좀 주세요! 오백 원이든 천 원이든 다 좋아요! 돈이 없으면 과자라도 주세요.

친구들, 다 함께 말해보아요. "돈 주세요!"

베드로와 요한이 성전 안으로 들어가려는데 이 거지 아저씨가 불렀어요.

"선생님들! 저 오늘 점심도 못 먹었거든요. 밥 사 먹을 돈 좀 주세요. 제발…."

베드로와 요한이 말했어요.

"아저씨, 저희를 한번 보세요."

거지 아저씨가 베드로와 요한을 쳐다봤어요.

"와! 돈 많게 생겼는데…. 이번엔 잘 걸렸다. 히히~ 오늘 돈 받으면 피자를 사 먹어야지. 한 푼 줍쇼." (*돈을 달라고 손을 벌리는 모습을 한다)

친구들, 이 사람은 베드로와 요한을 돈을 주는 사람으로 보았어요. 그런데 베드로와 요한은 이 사람을 보고 불쌍한 마음이 들면서 예수님이 꼭 필요한 사람으로 보았어요. 보는 것이 너무 다르지요? 한쪽은 '돈'을 보고 또 한쪽은 '영혼'을 보고 있어요. 베드로가 주머니에서 돈을 꺼내 거지에게 주었나요?

"아저씨, 미안하지만 우리에게는 돈이 없어요."

"돈이 없다고요? 돈이 없으면 가던 길 가세요!"

"은화도 없고 금화도 없지만 돈보다 더 좋은 것이 있어요. 그것을 줄게요."

"예? 돈보다 더 좋은 것이 있다고요? 그것을 준다고요? 그게 뭔데요?"

"그것은 예수님이에요. 우리에게는 예수님의 이름이 있어요."

베드로가 "예수님의 이름으로 일어나 걸으라"고 큰소리로 말하고, 거지 아저씨의 손을 잡고 당겼어요. 그러자 어떻게 되었을까? 이 사람의 발과 발목에 힘이 생기면서 그 자리에서 벌떡 일어나게 되었어요.

"어? 내 다리가…. 와! 내가 일어났어요. 내 다리를 보세요. 하나님, 고맙습니다. 베드로 선생님, 고맙습니다! 동네 사람들, 예수님 때문에 내가 일어났어요."

친구들, 다 함께 박수!

다시 해볼게요. 친구 한 사람 앞으로 나오세요. 앉아보세요. 우리 다 함께 큰소리로 말합니다.

"예수님의 이름으로 일어나 걸으라!" (*어린이가 앉아 있다가 손을 잡아당기면 일어나서 걷고 움직인다) 다 함께 박수!

친구들, 이 거지 아저씨를 누가 고쳐주셨어요? 바로 예수님입니다. 40년 동안 걷지 못하던 사람이 예수님의 이름으로 고침받고 하나님을 찬양하는 기적이 일어났어요. 예수님의 이름은 능력이 있어요. 죽었던 사람을 살리십시다. 병든 사람을 고쳐주세요. 마귀의 자녀를 하나님의 자녀로 살게 만들어요. 고침받은 거지 아저씨는 사람들과 함께 성전 안으로 들어가서 하나님을 예배했어요. 많은 사람이 이 모습을 보고 충격을 받았어요.

"와! 40년 동안 한번도 걸어보지 못한 사람이 일어나 점프를 하고 춤을 추며 걸어서 성전으로 들어가다니…. 하나님은 살아계십니다! 예수님의 이름에는 능력이 있습니다!"

3. 마음을 다지며 삶 속으로

어린이 여러분, 우리 주위에도 걷지 못하는 이 아저씨와 같은 사람들이 많이 있어요. 누구일까요? 하나님을 모르고 하나님을 믿지 않고 살아가는 사람들입니다. 친구들, 하나님을 떠난 죄인은 하나님을 예배할 수 없어요. 하나님이 주시는 축복을 받을 수도 없어요. 아무리 돈이 많고 공부를 잘해도 행복하지가 않아요. 그런데 예수님 때문에 우리는 새 생명을 갖게 되었어요. 거지 아저씨처럼 살지 않게 되었어요. 내 안에 예수님의 능력이 있습니다.

친구들, 예수님 이름의 능력을 믿나요? 예수님께 기도하고 공부해보세요. 지혜가 생겨요. 포기하지 않게 되어요. 죄를 지어 하나님의 마음을 아프게 했을 때 예수님께 나오면 용서해주십니다. 걱정

되고 슬픈 일이 있을 때 예수님께 기도로 말씀드리세요. 예수님이 내 옆에 함께하세요. 미워하는 사람이 있다면 예수님 때문에 이해하고 용서할 수 있는 마음이 생겨요.

베드로와 요한과 같이 하나님께 쓰임받는 사람이 되고 싶나요? 걷지 못하던 거지 아저씨처럼 살아가는 불쌍한 사람에게 예수님을 소개해보세요. 복음을 전해보세요.

베드로와 요한처럼 하나님이 사용하시는 일꾼은 특징이 있어요.

첫째, 기도하는 사람입니다.

둘째, 다른 영혼을 보면서 불쌍히 여기는 마음이 있어요.

셋째, 예수님의 이름의 능력을 믿고 살아요.

친구들, 목사님을 따라서 외쳐보세요. 예수님의 이름으로 명령한다.

"일어나 걸으라!"

다 함께 기도해요

능력의 하나님, 예수님의 이름의 능력을 알게 해주셔서 감사합니다. 걷지 못하던 거지 아저씨와 같이 하나님을 모르고 살아가는 사람들이 구원받을 수 있도록 예수님을 전하게 해주세요. 예수님의 이름으로 기도합니다. 아멘.

S·E·R·M·O·N 07

회개

: 회개하면 회복되어요

- ▶ 설교 제목 : 회개하면 회복되어요
- ▶ 성경 본문 : 사무엘하 12:1-23
- ▶ 핵심 말씀 : 사무엘하 12:13

  다윗이 나단에게 이르되 내가 여호와께 죄를 범하였노라 하매

- ▶ 참고 말씀 : 요한일서 1:9

  만일 우리가 우리 죄를 자백하면 그는 미쁘시고 의로우사 우리 죄를 사하시며 우리를 모든 불의에서 깨끗하게 하실 것이요

- ▶ 설교 키워드 : 회개, 정직, 회복
- ▶ 설교 목표 : 하나님과 사람 앞에서 정직한 어린이가 되고 죄를 지었을 때 회개하는 어린이가 되게 한다.

1. 마음의 문을 열며

친구들, 예수님의 열두 제자 이름을 아나요? 열두 명 중에서 어떤 제자를 좋아하세요? (*어린이들의 대답을 들어본다) 예수님의 열두 명의 제자 중에 '베드로'와 '가룟 유다'가 있어요. 베드로와 가룟 유다는 예수님의 제자였지만 예수님의 마음을 아프게 하는 죄를 지었어요. 베드로는 예수님을 3번이나 부인하였고, 가룟 유다는 은 30에 예수님을 팔아버리는 죄를 지었어요.

그런데 이 두 사람의 차이점이 있어요. 베드로는 죄를 뉘우치고 회개하였어요. 하지만 유다는 회개하지 않고 후회하다가 결국 망했어요.

친구들, 우리는 다 죄를 짓고 실수를 해요. 베드로처럼 뉘우치고 회개하는 사람이 될래요? 아니면 가룟 유다처럼 죄를 인정하지 않고 후회하다가 불행한 사람이 될래요? 하나님은 죄를 지었어도 감추지 않고 솔직하게 하나님께 말하는 친구를 좋아하세요. 목사님을 따라서 말해보세요.

"하나님께 솔직합시다!"

오늘 하나님께 잘못을 솔직하게 인정하고 용서를 구하는 사람을 만나보아요.

성경 속으로 다 함께 Go! Go! (*다 함께 외친다)

2. 성경 속으로

이스라엘 나라의 어떤 마을에 큰 부자가 살았어요.

"내가 누구인 줄 아느냐? 나는 부자다. 나는 양과 소를 천 마리씩 가지고 있다. 나보다 더 부자인 사람 나와 봐. 으하하~"

"주인님, 주인님!"

"왜 그러느냐?"

"오늘 주인님을 만나러 멀리서 손님들이 찾아온답니다."

"나를 만나러 손님들이 온다고? 그러면 그 손님들에게 맛있는 저녁을 해주어야겠네. 떡볶이를 해주면 좋겠다. 준비해라."

"주인님, 오늘은 손님들이 오니까 떡볶이 말고 양을 잡아 요리해서 대접하면 어떨까요?"

"이놈아, 지금 뭐라 했어? 나의 소중한 양을 잡아 요리해서 손님들에게 준다고? 안 돼!"

"주인님은 양도 많고 소도 많은데 양 한 마리 잡아서 요리한다고 무슨 큰일 납니까?"

친구들, 부자는 자기 양이 아까워서 손님들에게 음식을 만들어 주지 않았어요. 그 대신에 옆집에 사는 사람을 만나러 갔어요. 옆집에 사는 이 사람은 가난하게 살고 있었어요.

"쿵쿵쿵! 쿵쿵쿵!"

"너의 집에 양 있지?"

"양이요? 우리 양순이 말이에요?"

"그래, 양말인지 양순인지 모르겠지만 지금 같이 있지?"

"예. 이 양은 저에게 너무나 소중해서 제 딸처럼 생각되는 양이에요. 이름도 양순이에요. (*양 그림/사진을 보여준다) 그런데 왜 그러세요?"

"우리 집에 손님이 찾아와서 저녁으로 양고기 요리를 해주기로 했는데 너의 양순이를 빼앗아가야겠다."

"안 됩니다. 저는 양이 한 마리밖에 없습니다. 당신은 양이 많이 있잖아요?"

"이리 내놔."

"안 됩니다."

"으앙! 양순아…."

이렇게 해서 부자는 가난한 사람의 양을 빼앗아 갔어요. 정말 나쁜 사람이지요. 그런데 친구들, 놀라지 마세요. 이 부자는 다윗 왕이에요. 다윗 왕이 이 부자처럼 어떤 아줌마를 빼앗아 결혼을 했어요. 다윗이 나쁜 마음이 생겨서 자기 아내가 있는데도 다른 아줌마를 빼앗아 결혼한 거예요.

친구들, 다윗 왕이 이렇게 하는 것을 보고 누가 슬퍼했을까요? 하나님이에요. 다윗을 이스라엘 왕으로 선택하시고, 골리앗과의 싸움에도 이기게 하시며, 사울이 다윗을 죽이려 할 때도 지켜주신 하나님이 슬퍼하셨어요. 하나님은 죄를 지은 다윗에게 나단 선지자를 보냈어요.

"나단아, 나단아."

"예, 하나님."

"너는 다윗 왕에게 가서 나의 말을 전해라. 죄를 지은 다윗이 내 말을 듣고 죄를 뉘우치고 회개하면, 내가 다윗을 용서하겠다."

나단 선지자는 죄를 지은 다윗 왕에게 찾아갔어요.

"다윗 왕이시여, 오랜만입니다. 죄를 지은 어떤 부자가 있는데 그 사람에게 어떤 벌을 내려야 할지 몰라서 이렇게 왕을 찾아왔습니다. 가르쳐주십시오."

"그래요? 죄를 지은 그 부자에 대해서 얘기해보시오. 내가 그 부자가 어떤 벌을 받아야 할지 가르쳐주겠소."

나단 선지자는 다윗 왕에게 가난한 사람의 양을 빼앗은 부자 이야기를 했어요. 친구들, 이 부자가 누구지요? 다윗 왕이지요. 다윗은 선지자의 이야기를 다 듣고 나서 화가 났어요.

"뭐야? 자기는 양이 많은데 자기 양은 두고 다른 사람의 양을…. 그것도 한 마리밖에 없는 양을 빼앗은 사람이 있다는 말이지?"

"예, 그렇습니다."

"지금 당장 가서 그 못된 부자를 잡아 오도록 하여라. 내가 그 사람을 벌을 내려 죽이겠다. 나단 선지자, 그 부자가 누구요? 그 부자의 이름이 무엇이오?"

"왕이시여, 놀라지 말고 잘 들으십시오. 죄를 지은 그 사람은 바로… 다윗 왕 당신입니다!"

"헉!"

"왕이시여, 하나님이 왕에게 많은 축복과 선물을 주셨는데 왜 욕심을 내 죄를 지었습니까?"

"내가 죄를 지었다고? 나단 선지자, 내가 죄를 지었다고 누가 그랬어? 여봐라. 여기 나단을 감옥에 가두어라." 다윗 왕이 이렇게 했을까요? 아니에요.

나단 선지자가 "바로 당신이 죄인이요"라고 말했을 때, 다윗은 바로 무릎을 꿇고 눈물을 흘리면서 죄를 뉘우쳤어요. 친구들, 한 나라의 왕은 쉽게 무릎을 꿇지 않아요. 그리고 아기처럼 울지도 않아요. 그런데 다윗은 어떻게 하나요?

"흑흑흑. 하나님, 제가 죄를 지었습니다. 제가 죄인입니다. 거짓말하지 않고 솔직하게 말하겠습니다. 저를 용서해주세요."

다 함께 다윗 왕처럼 하나님께 솔직하게 말해봐요. 목사님을 따라서 말합니다.

"하나님, 저는 죄인입니다. 저를 용서해주세요."

다윗이 죄를 짓지 않았다고 거짓말하지 않고 솔직하게 하나님께 말하자 어떻게 되었나요? 하나님이 다윗을 불쌍히 여기고 그 자리에서 용서하셨어요. 다윗은 죽지 않게 되었어요. 하나님은 새로운 기회를 주셨어요.

3. 마음을 다지며 삶 속으로

어린이 여러분, 죄를 짓고 하나님을 슬프게 하고 나서 "하나님, 저 죄 안 지었어요. 저 거짓말 안 했어요. 저 욕하지 않았어요." 이렇게 하나요? 친구들, 우리는 다윗 왕처럼 하나님께 솔직한 사람이 되어야 해요. "하나님, 제가 죄짓는 거 봤어요?" 이렇게 하면 안돼요. "하나님, 저는 죄인입니다. 용서해주세요." 이렇게 하면 하나님은 우리를 용서해주시고 예수님의 피로 깨끗하게 해주세요.

요한일서 1장 9절을 다 함께 읽어보아요.
"만일 우리가 우리 죄를 자백하면 그는 미쁘시고 의로우사 우리 죄를 사하시며 우리를 모든 불의에서 깨끗하게 하실 것이요."

친구들, 죄짓고 실수한 것을 솔직하게 인정하면 예수님은 용서를 베풀어주셔요. 회개하면 회복되어요. 그런데 "죄 안 지었어요. 내가 얼마나 착한 사람이라고요"라고 말하면 하나님이 멀리 계신 것처럼 느껴지게 되어요. 그리고 하나님이 내 기도를 들어주시지 않아요.

죄를 솔직하게 말하고 뉘우치는 것을 '회개'라고 합니다. 회개는 첫째, 내가 죄를 지었다고 인정해야 합니다. 그리고 둘째, 죄를 지어서 하나님의 마음을 아프게 한 것에 내 마음이 슬퍼해야 해요. 셋째, 잘못된 행동을 고치고 바꾸어야 해요. 죄를 버려야 해요. 이것이 진짜 회개입니다.

친구들, 아직 하나님께 말하지 않은 죄가 있나요? 고쳐야 할 나쁜 습관이 있나요? 잘못을 숨기기보다 솔직하게 고백하는 사람이 지혜로운 사람이에요. 하나님의 눈을 피해 죄를 숨기지 말아요. 죄를 감추지 마세요. 죄를 지었을 때 예수님께 가서 솔직하게 말하세요. 친구들, 하나님께 솔직한 사람이 되길 바랍니다. 회개하면 회복되어요.

은혜의 하나님, 회개하면 용서해주시고 회복시켜주시니 감사합니다. 잘못한 일을 숨기지 않고 정직하게 회개하는 사람이 될게요. 예수님의 이름으로 기도합니다. 아멘.

S·E·R·M·O·N·08

믿음

: 그들은 우리의 밥이죠!

- ▶ 설교 제목 : 그들은 우리의 밥이죠!
- ▶ 성경 본문 : 민수기 13:1-14:45
- ▶ 핵심 말씀 : 민수기 13:30

  갈렙이 모세 앞에서 백성을 조용하게 하고 이르되 우리가 곧 올라가서 그 땅을 취하자 능히 이기리라 하나
- ▶ 참고 말씀 : 요한복음 16:33

  세상에서는 너희가 환난을 당하나 담대하라 내가 세상을 이기었노라
- ▶ 설교 키워드 : 믿음, 희망, 승리
- ▶ 설교 목표 : 어떤 일에도 두려워하지 않고 믿음을 가지고 살아가는 담대한 어린이가 되게 한다.

1. 마음의 문을 열며

어떤 교회 선생님이 등산을 가게 되었어요. 그런데 산을 내려오다가 발을 헛디뎌 추락하게 되었어요. 간신히 소나무 가지를 붙들고 살아나게 되었습니다. 그러나 시간이 갈수록 팔이 아파서 견딜 수가 없었어요. 하나님께 기도했어요.

"하나님, 도와주세요, 살려주세요"

그러자 하나님께서 말씀하시는 것이었어요.

"네 손을 놓아라. 내가 도와주겠다."

그러자 선생님이 소리쳤어요.

"하나님, 손을 놓으라니요. 저보고 죽으란 말씀입니까?"

하나님이 다시 말씀하십니다.

"손을 놓아라. 그러면 너는 살 수 있다."

선생님이 크게 말합니다.

"거기 하나님 말고 또 누구 없어요?"

선생님은 밤새도록 소리치며 낑낑거리다가 아침이 되어서 밑을 내려다보았습니다. 그랬더니 어떤 일이 일어났을까요? 바로 발밑이 땅바닥이었습니다. 하나님의 말씀을 믿고 손을 놓았으면 밤새도록 고생할 필요가 없었는데 생고생을 한 거예요.

친구들, 우리는 언제나 하나님을 의지하는 믿음의 사람들인가요? 어떤 일이 무섭고 걱정이 되나요?

성경 속으로 다 함께 Go! Go! (*다 함께 외친다)

2. 성경 속으로

　모세가 이스라엘의 사람들을 광야에서 가나안 땅으로 이끌고 있어요. 가나안 땅을 앞에 두고서 하나님께서 모세를 불렀어요.
　"모세야!"
　"네, 하나님. 제가 여기 있습니다. 왜 그러세요?"
　"모세야, 내가 너희에게 가나안 땅을 준다고 약속했잖니? 너는 각 지파의 장군을 한 명씩 세워서 가나안 땅을 돌아보고 오도록 하거라."
　"가나안 땅을 살피고 오라고요?"
　모세는 12지파의 장군들을 모아서 '정탐꾼'으로 임명했어요. (*정탐꾼 그림/사진을 보여준다)
　"여러분, 들으시오! 하나님께서 가나안 땅을 우리에게 주겠다고 약속하셨습니다. 여러분은 정탐꾼으로 선택받았습니다. 가나안 땅이 어떤 땅인지 잘 살펴보고 오시오."
　"네, 충성!"
　"돌아올 때 거기 사는 가나안 사람이 어떤 사람들인지 알아보고 오시오. 힘이 센 사람들인지, 전쟁을 잘하는 사람들인지, 또 흙으로 지은 집에 사는지 아니면 나무로 만든 집에 사는지 알아보시오. 그리고 그 사람들도 축구를 좋아하는지 알아보시오."

"네, 알겠습니다!"

"한 가지 빠트렸네요. 돌아올 때 그 땅의 열매와 과일을 가져오세요."

"모두 잘 다녀오세요. 하나님이 함께하실 것입니다."

12명의 정탐꾼은 자기 집으로 돌아갔어요. 12명 중에 에브라임 지파의 유명한 장군인 '여호수아'가 있었어요.

"여보, 내가 가나안 땅을 정탐하게 되었어요."

"네? 가나안 땅을요? 여보, 조심하세요."

"아니, 내가 죽으러 가는 것도 아닌데. 아이들은 어디 있소?"

"아빠, 조심해서 다녀오세요. 제가 하나님께 기도할게요."

"아빠, 가지 마세요. 안 가면 안 되나요? 가나안 땅에는 무서운 사람들이 많다고 들었어요."

"아빠는 하나님의 선택을 받은 장군이야. 괜찮아. 하나님이 지켜주실 거야."

쿵쿵쿵! 쿵쿵쿵! (*문을 두드리는 시늉을 한다)

"여호수아, 집에 있나? 빨리 가야지. 정탐꾼들이 다 모였단 말이야."

"아빠, 갈렙 아저씨가 오셨어요."

"여보, 잘 다녀오세요."

12명의 정탐꾼은 드디어 가나안 땅에 들어가게 되었어요. 그런데 깜짝 놀랐어요.

"이봐."

"왜 그래? 저게 사람이야? 왜 저렇게 커. 나는 저런 사람 처음 봐. 그리고 저기 칼을 봐."

"칼도 엄청 크네? 집을 봐. 거인들이 사는 집 같아."

"이제 우리 어떡해. 우리같이 작은 이스라엘 사람들이 어떻게 저런 사람과 싸워서 이겨?"

"맞아. 이게 약속의 땅이야? 하나님이 정말 이런 땅을 우리에게 주려고 하신 거야?"

"미안한 말이지만… 우리 다 죽게 생겼다."

정탐꾼들은 40일 동안 가나안 땅 조사를 마치고 이스라엘로 돌아와서 모세와 사람들에게 말했어요.

"모두 수고가 많았네. 잘 살펴보고 왔는지 우리에게 말하시오."

"네, 그 땅은 정말 좋은 땅입니다. 젖과 꿀이 흐르는 땅입니다. 하나님이 그 땅을 우리에게 주신 게 맞아요. 저 포도를 한번 보세요. 얼마나 큰지 저것을 우리 두 사람이 같이 들고 왔습니다."

"모세님, 가나안 땅은 무화과나무 열매, 포도, 석류가 잘 자라는 땅입니다."

"그래? 하하하. 잘되었네. 하나님께 감사를 드리고 지금 가나안으로 갑시다."

"잠깐! Stop! 안 됩니다. 저 아낙 자손 사람들은 거인입니다. 뭔가 잘못되었어요. 우리가 그 땅으로 간다면 다 죽을 거예요."

"맞아요. 가면 안 됩니다!"

갈렙이 말했어요.

"우리 모두 가나안 땅으로 갑시다. 하나님이 함께하실 것입니다. 무서워하지 마세요."

"갈렙, 너 머리가 이상한 거 아니야? 우리 같이 봤잖아. 가나안 땅으로 가면 우리는 다 죽을 거야. 여러분, 포기합시다!"

"가나안 사람들과 우리를 비교하면 우리는 메뚜기와 같아요."

(＊메뚜기 그림/사진을 보여준다)

"뭐야? 메뚜기 같다고? 우리가 메뚜기 같다면 그 사람들이 우리를 한입에 털어 넣을 수도 있다는 말이네. 엄마야, 무서워!"

이스라엘 사람들은 밤새도록 울면서 모세를 원망했어요.

"여러분, 모세가 우리를 가나안으로 데려가 다 죽이려고 합니다. 차라리 다시 애굽으로 갑시다. 새로운 지도자를 뽑읍시다. 하나님을 믿지 맙시다."

"맞습니다! 옳소!"

친구들, 그때 믿음과 용기가 있는 여호수아와 갈렙이 옷을 찢으면서 말했어요.

"여러분, 아닙니다. 하나님이 가나안 땅을 우리에게 주셨습니다. 무서워하지 마세요. 하나님이 우리 편입니다. 걱정하지 말고 가나안 땅으로 갑시다! 희망을 가지세요. 하나님은 살아계십니다."

친구들, 여호수아와 갈렙이 정말 용기 있고 자신감이 넘쳐요. 하나님 때문에 이런 용기가 생긴 거예요.

"여러분, 가나안 사람들은 우리의 밥입니다." (*밥 그림/사진을 보여준다)

"쟤들, 미쳤구나. 다시 가자고? 그들이 우리의 밥이라고? 우리가 그 사람들의 밥이다."

"다 돌을 들어!" 사람들이 돌을 던지려고 했어요.

하나님은 이 모습을 다 보고 계셨어요. 그 순간 성막에서 하나님의 영광이 이스라엘 백성들에게 나타났어요. 하나님께서 모세에게 말씀하셨어요.

"모세야! 더 이상 안 되겠다. 나를 믿지 않고 불평만 하는 이스라엘 사람들을 죽이고 벌을 내리겠다. 너희 말이 내 귀에 들린 대로 내가 너희에게 행하도록 하겠다."

친구들, 하나님은 여호수아와 갈렙을 빼고, 하나님을 믿지 않고 불평하고 원망한 10명의 정탐꾼을 재앙으로 심판하셨어요. 그리고 40일을 1년으로 해서 40년 동안을 이스라엘 사람들이 광야에서 살게 되었어요. 하지만 하나님을 끝까지 믿고 희망을 가졌던 여호수아와 갈렙과 그 자녀들은 가나안 땅으로 들어가게 되었어요.

3. 마음을 다지며 삶 속으로

친구들, 나는 어떤 사람인가요? 믿음과 희망의 사람인가요? 아니면 불평과 원망의 사람인가요? 하나님 때문에 희망이 있나요? 환경 때문에 불평하고 있나요? 10명의 정탐꾼처럼 불평하고 원망하고 하나님의 말씀을 믿지 않는 사람들 편에 설 것인가요? 아니면 여호수아와 갈렙처럼 희망을 가지고 하나님 약속의 말씀을 믿을 것인가요?

하나님은 어떤 분이신가요? 약속의 말씀을 믿고 용기를 가지면 축복을 주시는 분입니다. 하나님을 믿고 희망과 용기를 가진 어린이를 찾고 계셔요.

친구들, 내가 두려워하는 것이 무엇인가요? 나 자신을 믿지 말고, 친구를 믿지 말고, 하나님을 믿으세요. 공부하고, 친구 만나고, 전도하고, 태권도 배우고, 무슨 일이든지 두려워하지 말고 '나는 할 수 있다'는 자신감을 가지세요. 전도할 때 부끄럽지 않고 용기가 생기도록 기도해보세요. 하나님이 담대하게 말하도록 도와주셔요. 친구들은 하나님의 자녀입니다. 하나님이 도와주십니다. 무슨 일이든지 시도해보지 않고 걱정하거나 좌절하지 마시길 바랍니다.

목사님을 따라서 말해보아요.

"우리는 메뚜기가 아니다. 너는 내 밥이다!"

하나님은 믿음과 소망을 가지고 살아가는 친구들과 반드시 함께 하십니다. 아멘!

다 함께 기도해요

승리의 하나님, 무슨 일을 하든지 하나님이 언제나 나와 함께하신다는 것을 믿는 '믿음의 사람'이 되게 해주세요. 예수님의 이름으로 기도합니다. 아멘.

> 친구들, 아직 하나님께 말하지 않은 죄가 있나요?
> 고쳐야 할 나쁜 습관이 있나요? 잘못을 숨기기보다
> 솔직하게 고백하는 사람이 지혜로운 사람이에요.
> 하나님의 눈을 피해 죄를 숨기지 말아요. 죄를 감추지 마세요.
> 죄를 지었을 때 예수님께 가서 솔직하게 말하세요.
> 회개하면 회복되어요.

특별수록

어린이 설교의 실제
_꼭 필요한 설교 5편

● ● ● ● ●

S·E·R·M·O·N·01

신년예배

: 예배하는 어린이

- ▶ 설교 제목 : 예배하는 어린이
- ▶ 성경 본문 : 창세기 4:1-8
- ▶ 핵심 말씀 : 창세기 4:4

   아벨은 자기도 양의 첫 새끼와 그 기름으로 드렸더니 여호와께서 아벨과 그의 제물은 받으셨으나

- ▶ 참고 말씀 : 히브리서 11:4

   믿음으로 아벨은 가인보다 더 나은 제사를 하나님께 드림으로 의로운 자라 하시는 증거를 얻었으니 하나님이 그 예물에 대하여 증언하심이라 그가 죽었으나 그 믿음으로써 지금도 말하느니라

- ▶ 설교 키워드 : 새해, 기본, 예배
- ▶ 설교 목표 : 새해를 시작하면서 믿음의 기본이 되는 예배를 점검하게 한다. 교회에서 삶 속에서 예배자가 되게 한다.

1. 마음의 문을 열며

친구들, 이런 말을 들어보았나요?

"호랑이는 죽어서 가죽을 남기고, 사람은 죽어서 이름을 남긴다."

오늘 성경에서 아벨이라는 사람을 만나보아요. 아벨은 죽었지만, 믿음의 모습을 남겼습니다.

아벨은 하나님께 예배를 잘 드린 사람으로 기억됩니다.

성민이는 주일날 교회에서 예배를 드리고 하나님께 헌금했어요. 그런데 헌금하는 것이 아까운 마음이 들었어요. 피시방에 가서 게임을 할 돈을 남겨두고, 아무도 눈치채지 못하게 나머지를 헌금했어요. 이런 모습에 하나님은 어떻게 생각하실까요?

성경 속으로 다 함께 Go! Go! (*다 함께 외친다)

2. 성경 속으로

하나님은 세상을 만드시고 첫 번째 가정을 만드셨어요. 아담과 하와는 결혼하고, 가인과 아벨을 낳았어요.

첫째 아들 가인은 곡식을 심어 키우고, 과일을 수확하는 농부가 되었어요. (*농부 그림/사진을 보여준다)

둘째 아들 아벨은 양치기가 되었어요. (*양치기 그림/사진을 보여준다)

"하나님, 양이 잘 자라게 해주셔서 감사합니다."

가인과 아벨은 하나님께 예배를 드렸어요.

가인은 하나님을 가장 소중한 분으로 생각하지 않는 것 같아요.

"어디 보자, 여기 과일과 곡식이 있네. 그냥 이것을 하나님께 드려야겠네. 이건 내가 먹어야 하니까 하나님께 드릴 수 없지."

돌로 단을 만들고 곡식과 과일 몇 가지를 올려놓고 하나님께 예배했어요.

동생 아벨은 어떻게 예배했을까요?

"어디 보자. 제일 건강하고 좋은 양, 첫 번째 태어난 양이 어디 있지?

여기 있네. 네가 하나님께 바칠 제물이구나."

"하나님, 저의 예배를 받아주세요. 하나님 사랑합니다." 아벨은 정성껏 예배를 드렸어요. 하나님께 첫 양을 제물로 드렸어요.

친구들, 예배는 하나님을 높여드리는 거예요. 하나님을 찬양하는 거예요. 하나님의 자녀인 우리는 하나님을 제일 중요한 분으로 생각하고, 정성을 다해 예배드려야 합니다.

두 사람은 하나님께 똑같이 예배를 드렸어요. 하나님은 어떻게 말씀하시나요?

4학년 친구들, 가인이 되어보자.

"가인아! 예 하나님. 나는 너의 예배를 받지 않겠다. 대충 예배를 드렸다. 그리고 너의 마음속에 죄가 있구나."

3학년 친구들, 아벨이 되어보자.

"아벨아! 예 하나님. 나는 너와 너의 제물을 받겠다. 너는 첫 양을 드리며, 정성껏 마음을 다해 예배를 드렸구나. 그리고 믿음을 가지고 예배했구나."

하나님은 가인의 예배는 받지 않으시고, 아벨의 예배를 받으셨어요.

가인은 하나님께 화를 내었어요. 가인의 마음에는 동생 아벨을 미워하는 마음이 생겼어요.

하나님이 자신의 예배를 받지 않은 것에 화가 나서, 동생에게 분풀이합니다. 동생을 돌로 쳐서 죽여버렸어요.

친구들, 하나님을 소중한 분으로 생각하지 않는 사람은, 하나님이 만드신 사람도 소중히 여기지 않아요. 가인은 동생을 죽인 살인자가 되었어요.

오늘 나의 모습은 어떤가요?

예배를 드리면서 내 마음을 돌아보세요. 내 마음에는 가인처럼 대충 예배하는 마음, 예배드리면서 하나님이 싫어하시는 죄가 없는지 살펴보세요.

3. 마음을 다지며 삶 속으로

새해가 되었어요. 새해에는 하나님께 어떻게 예배할까요?

하나님은 창조주입니다. 하나님은 아버지가 되십니다. 우리를 위해 예수님을 보내주셨어요.

첫째, 정성껏 마음을 다해 예배해요. 둘째, 예수님을 의지해서 예배해요. 셋째, 나의 생활 속에서 예배해요.

하나님은 우리 친구들이 있는 모든 자리에서 예배드리는 모습을 보고 싶어 하십니다.

믿음으로 예배드린 아벨처럼, 예배를 잘 드리는 어린이가 되기를 결심해요.

최고의 하나님께, 최선을 다해 예배하는 예배자가 되어요.

다 함께 기도해요

우리의 예배를 기뻐하시는 하나님, 새해부터는 교회에서, 생활 속에서 하나님께 믿음으로 정성 다해 예배드리게 해주세요. 예수님의 이름으로 기도합니다. 아멘.

S·E·R·M·O·N·02
고난주간

: 나의 죄 때문에!

- ▶ **설교 제목** : 나의 죄 때문에!
- ▶ **성경 본문** : 마태복음 27:45-50
- ▶ **핵심 말씀** : 마태복음 27:50

  예수께서 다시 크게 소리 지르시고 영혼이 떠나시니라
- ▶ **참고 말씀** : 요한복음 3:16

  하나님이 세상을 이처럼 사랑하사 독생자를 주셨으니 이는 저를 믿는 자마다 멸망치 않고 영생을 얻게 하려 하심이니라
- ▶ **설교 키워드** : 예수님, 십자가, 사랑
- ▶ **설교 목표** : 고난주간을 통해 예수님의 십자가 죽음의 의미를 알고, 그 사랑을 깊이 깨닫도록 한다.

1. 마음의 문을 열며

친구들, 지금까지 살면서 몸이 제일 아팠던 적이 언제인가요? 또 어떤 일로 마음이 아팠나요?

이 세상에서 가장 큰 고통을 겪으신 분이 계세요.

예수님입니다. 예수님은 육체적으로, 정신적으로, 영적으로 큰 고통을 겪으신 분이에요.

도대체 예수님에게 무슨 일이 일어났나요?

성경 속으로 다 함께 Go! Go! (*다 함께 외친다)

2. 성경 속으로

"왜 이렇게 시끄러워? 무슨 일 생겼어? 온 동네가 떠들썩하네?"

"그래, 사람들의 병을 고치고 천국 말씀을 전하는 예수님이 예루살렘 성으로 들어오신대. 예수님이 예루살렘 성으로 오셔서 우리의 왕이 된다면 얼마나 좋을까? 예수님이 왕이 되시면, 좋은 일이 많아질 거야."

"호산나, 호산나, 우리를 구원하소서!"

많은 사람이 예루살렘 성으로 들어오시는 예수님을 환영하고 기뻐했어요. (*예수님이 예루살렘 성으로 입성하는 그림/사진을

보여준다)

하지만 예수님을 싫어하는 사람들도 있었어요. "우리를 구원한다고? 예수가 우리의 인기를 다 빼앗아 갔어. 우리의 법을 지키지 않고 있어."

높은 자리에 있었던 종교 지도자들은 예수님이 죄가 없는데도 잡아 왔어요. 예수님을 십자가에서 못 박아 죽이려고 했어요.

친구들, 예수님은 자기를 죽이려는 사람들을 보고 아무런 말씀도 안 했어요. 도망가지 않았어요. 목사님 같으면 무서워서 도망갔을 거예요. "살려주세요. 저는 죽기 싫어요."

예수님의 제자들은 도망갔어요.

모든 사람이 예수님을 배반해도, 자신은 예수님을 따르겠다고 다짐하던 베드로마저도 예수님을 부인했어요.

죄 없으신 예수님은 우리의 죄를 용서하시려고 십자가에 못 박혀 죽었어요. 예수님이 죽고, 우리가 살게 되었어요.

친구들, 예수님은 우리에게 돈을 주고, 병을 고쳐주고, 공부를 잘하게 해주려고 이 세상에 오신 것이 아니에요. 우리 죄를 용서하시고, 우리를 하나님께로 인도하기 위해서 오셨어요.

"엘리 엘리 라마 사박다니! 엘리 엘리 라마 사박다니!"

무슨 말에요? 예수님이 십자가 위에서 외치셨어요. "나의 하나님 아버지 어찌 나를 버리십니까?"라는 뜻입니다.

친구들, 하나님은 하나뿐인 아들 예수님을 십자가에 죽도록 하셨어요. 우리를 구원하시려고요. 하나님의 큰사랑이에요. (*십자가 그림/사진을 보여준다)

요한복음 3장 16절 말씀을 다 같이 읽어요.
"하나님이 세상을 이처럼 사랑하사 독생자를 주셨으니 이는 저를 믿는 자마다 멸망치 않고 영생을 얻게 하려 하심이니라."

예수님이 십자가에 못 박혔을 때, 하늘이 빛 잃었고, 성전의 휘장이 위에서 아래로 갈라졌어요. 죄인인 우리가 하나님께 예배하고 기도할 수 있는 길이 열렸어요.

친구들, 오늘은 종려주일입니다. 그리고 이번 주간은 예수님이 우리를 구원하시려고 많은 고난을 당한 고난주간이에요. 이 시간 예수님의 십자가 사랑에 감사하는 시간이 되기를 바랍니다.

친구들의 고백을 들어볼까요?

"예수님. 저는 내 것만을 생각했던 어린이예요. 동생에게 장난감도 주지 않고, 내 친구가 맛있는 것을 먹으면 빼앗아 먹었어요. 저는 욕심꾸러기였어요. 예수님께서 저를 위해 십자가에서 돌아가셨는데, 이제는 욕심을 부리지 않는 어린이가 될게요."

"예수님. 저는 내가 제일 잘 났다고 뽐내고 친구들을 우습게 여겼어요. 아빠, 엄마, 선생님이 내가 하고 싶은 것을 해주지 않으면,

욕을 하고 말을 듣지 않았어요. 잘못했어요. 용서해주세요."

3. 마음을 다지며 삶 속으로

친구들, 십자가는 죄인을 구원하는 방법이에요. 그리고 우리를 향한 하나님의 사랑의 증표예요.

목사님이 먼저 말을 하면, 친구들은 눈을 감고 크게 말하세요.

예수님이 창에 찔리셨어요.("나의 죄 때문에") 예수님이 채찍으로 맞으셨어요.("나의 죄 때문에") 머리에 가시면류관을 썼어요.("나의 죄 때문에") 예수님이 십자가에서 죽으셨어요.

("나의 죄 때문에")

고난주간을 맞아, 예수님이 나를 위해 하신 일을 묵상해요. 예수님의 십자가를 생각해요. 예수님의 사랑을 찬양해요. 가족이 함께 성경에서 예수님의 십자가 이야기를 읽어요. 하나님의 사랑을 다른 친구에게 전해주어요.

다 함께 기도해요

사랑의 하나님, 죄인인 나를 위해 죄 없으신 예수님을 보내주셔서 감사합니다. 십자가 사랑을 믿고 언제나 찬양하게 해주세요. 예수님의 이름으로 기도합니다. 아멘.

S·E·R·M·O·N·03

부활주일

: 다시 살아나신 예수님을 알고 있나요?

- ▶ 설교 제목 : 다시 살아나신 예수님을 알고 있나요?
- ▶ 성경 본문 : 마가복음 16:1-11
- ▶ 핵심 말씀 : 마가복음 16:6
  청년이 이르되 놀라지 말라 너희가 십자가에 못 박히신 나사렛 예수를 찾는구나 그가 살아나셨고 여기 계시지 아니하니라 보라 그를 두었던 곳이니라
- ▶ 참고 말씀 : 마태복음 28:6
  그가 여기 계시지 않고 그가 말씀하시던 대로 살아나셨느니라 와서 그가 누우셨던 곳을 보라
- ▶ 설교 키워드 : 예수님, 부활, 승리
- ▶ 설교 목표 : 예수님의 부활을 믿고, 오늘 나의 삶 속에서 부활 예수님을 의지하고 살도록 한다.

1. 마음의 문을 열며

 사랑하는 사람이 죽으면 슬프지요. 모든 사람은 죽게 되어요.
 그런데 예수님은 십자가에 돌아가시고 다시 살아나셨어요. 그 확실한 증거가 무덤이에요. 예수님의 무덤은 '빈 무덤' 입니다.
 친구들, 예수님의 부활 소식을 듣고 기쁜가요? 아니면 의심이 드나요?
 부활의 예수님을 만난 사람들의 모습을 살펴보아요.
 성경 속으로 다 함께 Go! Go! (*다 함께 외친다)

2. 성경 속으로

 아리마대 요셉이라는 사람이 있었어요. 요셉은 예수님을 십자가에 죽게 만든 빌라도를 찾아갔어요.
 "안녕하세요, 저는 아리마대 사람 요셉입니다. 제가 십자가에 달려 죽으신 예수님을 장사지내고 싶습니다. 총독님."
 "그렇게 하도록 해라."
 예수님은 십자가에 못 박혀 죽었어요. 빌라도의 병사들은 예수님이 죽은 것을 확인하고 요셉에게 시체를 넘겨주었어요.
 친구들, 예수님은 자신의 십자가 죽음과 부활에 대해서, 여러 번 사람에게 말씀하셨어요.

"나는 죽고 3일 후에 다시 살아난다!"

요셉과 니고데모는 예수님의 시신을 가져다가 유대인들의 장례 풍습대로 향로를 바르고 고운 베로 감쌌어요.

그리고 바위 속 무덤에 예수님의 시신을 두고, 아주 큰 돌로 무덤 입구를 막아 놓았어요. (*돌 무덤 그림/사진을 보여준다) 옛날에 예수님 당시에는 이렇게 장례식을 했어요.

그때 종교 지도자들과 바리새인들은 총독 빌라도를 찾아갔어요.

"예수는 죽은 후에 3일 만에 부활하겠다고 큰소리를 쳤습니다. 예수의 제자들이 시체를 훔쳐서 감춘 다음에 부활했다고 말할 수 있습니다. 우리가 3일 동안 무덤을 잘 지켜야 합니다."

빌라도는 로마 병사들이 무덤의 돌문을 잘 지키도록 명령을 내렸습니다.

"무덤을 잘 지켜라, 개미 한 마리도 들어가지 못하도록 하라!"

예수님이 죽으시고 3일째 되는 날 새벽이었습니다. 밖은 어두워요. 캄캄합니다. '우르르 쾅쾅!'

땅이 흔들리며 지진이 일어났어요.

천사가 내려와 예수님의 시신이 있는 무덤의 큰 돌문을 옮겨놓았습니다.

돌문을 지키던 로마 병사들은 깜짝 놀라 무서워 벌벌 떨었어요.

그때 막달라 마리아와 요안나와 야고보의 어머니인 마리아가 새벽 일찍 무덤을 찾아왔어요. 큰 돌문이 열린 것을 보고 깜짝 놀랐어요.

"어떻게 된 일이지, 무덤 문이 열려 있네. 예수님 시신이 어디 갔지? 예수님!"

그때 천사들이 울고 있는 여자들에게 말했어요.

"놀라지 말라, 예수님은 여기 계시지 않는다. 말씀하시던 대로 다시 살아나셨다. 예수님은 부활하셨다. 가서 이 소식을 전하여라."

여자들은 이 소식을 제자들에게 전했어요. 엄청난 소식을 들은 요한과 베드로도 믿을 수 없다는 표정으로 예수님의 무덤으로 달려가 보았어요. 무덤 안에 들어가 보니 예수님이 입으셨던 옷은 그대로 있지만, 시신은 보이지 않았어요. (*빈 무덤 그림/사진을 보여준다)

"친구들, 예수님이 정말 부활하셨나요?"

로마 병사들은 대제사장에게 이 사실을 알렸어요.

대제사장은 큰일 났다고 생각했어요. 병사들에게 거짓말을 하고 헛소문을 퍼뜨리게 시켰어요. 제자들이 예수님의 시신을 훔쳐 갔다고 거짓말을 하게 했어요.

친구들, 예수님은 다시 살아나셨습니다. 죽음에서 3일 만에 살아나셨습니다. 하나님께서 예수님을 죽음에서 일으키셨어요.

부활하신 예수님을 만난 제자들은 어떻게 변화되었을까요? 마음에 기쁨과 용기가 생겼어요.

　예수님을 세 번이나 부인했던 베드로는 이제 겁쟁이가 아니었어요. 용기를 가지고 부활하신 예수님을 전하게 되었어요.

　다른 제자들도 예수님을 전파하는 사람들이 되었어요. 모두가 예수님의 부활을 알렸어요.

　예수님 부활의 소식이 예루살렘과 온 유대와 사마리아와 땅끝까지 점점 퍼져나갔어요. 그래서, 오늘 우리가 예수님을 알게 되고, 예수님을 믿고 교회에 다니게 되었어요.

3. 마음을 다지며 삶 속으로

　친구들, 예수님의 부활을 믿고 있나요?

　예수님은 십자가에 죽으시고 끝난 것이 아니라, 죽음을 이기시고 부활하셨어요. (*부활 그림/사진을 보여준다)

　예수님은 더 이상 무덤 안에 계시지 않습니다. 예수님의 무덤은 빈 무덤이에요.

　예수님께서 약속하신 대로 죽은 자 가운데서 다시 살아나셔서 부활의 첫 열매가 되셨습니다.

　누구든지 예수님을 믿으면 죄 용서받고 하나님의 자녀가 되어요. 부활의 예수님은 나와 함께 하셔요. 즐거울 때나 슬플 때, 언제나 함께하십니다.

친구들, 사람은 언젠가 모두 죽게 되어요. 그런데 부활의 예수님의 믿는 사람은 죽어도 살게 되어요. 또 예수님처럼 부활하게 됩니다.

부활의 예수님을 믿고, 예수님과 함께 살아가기를 바랍니다. 부활의 예수님을 전하는 친구들과 선생님들이 되세요!

목사님을 따라서 외칩니다. "예수님 부활! 나의 부활! 예수님 승리!, 나의 승리!"

다 함께 기도해요

승리의 하나님, 십자가에서 돌아가시고 부활하신 예수님이 나의 구원자와 주인 되심을 감사합니다. 부활의 예수님을 전파하며 살도록 도와주세요. 예수님의 이름으로 기도합니다. 아멘.

S·E·R·M·O·N·04

감사주일

: 사자 굴에서 감사 기도한 사람

- ▶ 설교 제목 : 사자 굴에서 감사 기도한 사람
- ▶ 성경 본문 : 다니엘 6:1-28
- ▶ 핵심 말씀 : 다니엘 6:10
  다니엘이 이 조서에 왕의 도장이 찍힌 것을 알고도 자기 집에 돌아가서는 윗방에 올라가 예루살렘으로 향한 창문을 열고 전에 하던 대로 하루 세 번씩 무릎을 꿇고 기도하며 그의 하나님께 감사하였더라
- ▶ 참고 말씀 : 에베소서 5:20
  범사에 우리 주 예수 그리스도의 이름으로 항상 아버지 하나님께 감사하며
- ▶ 설교 키워드 : 감사, 기도, 다니엘
- ▶ 설교 목표 : 감사의 소중함을 알고, 어려움에도 감사를 실천하는 어린이가 되게 한다.

1. 마음의 문을 열며

어떤 나라에 흉년이 들어 많은 사람이 굶주리게 되었어요. 어떤 착한 부자 할아버지가 계셨는데, 할아버지는 매일 아침 어린이들에게 빵 한 개씩을 나누어 주었습니다. 어린이들은 아침마다 제일 큰 빵을 집으려고 벌 떼처럼 달려들어 빵 한 개씩을 갖고 갔습니다.

어떤 소녀가 있었습니다. 이 소녀는 아이들이 빵을 다 가져간 후, 맨 나중에 남은 제일 작은 빵을 집었습니다. 그러고는 언제나 할아버지에게 '감사합니다' 하고 인사를 했습니다. 이 아이는 집에 와서 할아버지가 주신 빵을 엄마와 함께 먹으며 하나님께 감사 기도를 했어요.

어느 날 엄마와 함께 빵을 먹으려고 하는데, 빵에서 은 동전이 한 개 나왔습니다. 너무나 놀란 아이는 얼른 할아버지에게 가서 은 동전을 돌려드리려고 했습니다.

그러나 할아버지는 '감사할 줄 아는 아이에게 주려고 빵 속에 넣은 것이니, 그 돈은 네 것이다' 라고 말씀하시며 은 동전을 다시 주었습니다.

친구들, 감사는 축복의 씨앗입니다. 감사는 행복의 문을 여는 열쇠입니다.

성경 속으로 다 함께 Go! Go! (*다 함께 외친다)

2. 성경 속으로

오늘 성경에서 만나는 다니엘은 어려운 일에도 하나님께 감사하고, 하나님을 높이는 사람입니다. 다니엘은 페르시아 나라의 다리오 왕 때, 포로 신분이었지만 믿음을 버리지 않았어요. 다니엘은 왕의 특별한 사랑을 받아 총리가 되었어요. (*다니엘 그림/사진을 보여준다)

"다니엘, 당신이 우리나라의 총리가 되어서 나를 도와주니 너무 좋아."

당시에 3명의 총리가 있었는데, 다니엘은 이 중에서 지혜롭고 맡은 일을 잘했어요.

그런데 다니엘을 싫어하는 두 명의 총리와 많은 사람이 있었어요. 이 사람들은 다니엘이 잘못을 하면 왕에게 고발해서 벌을 받게 하려고 다니엘을 감시했어요.

"왕이시여! 새로운 법을 만듭시다. 왕에게만 절을 하고 기도하지, 다른 사람이나 하나님에게 절을 하거나 기도하면, 벌을 내리도록 합시다."

그래. 그 법이 좋구나. 법을 어기는 사람에게는 사자 굴에 던져 넣어 죽이게 합시다. 사자 굴! 아니 토끼 굴도 아니고 고양이 굴도 아니고 그 무서운 사자 굴에….

왕에게 절을 하지 않고, 하나님에게 절을 하고 기도를 하는 사람을 사자 굴에 넣어 죽인다는 소식이 온 나라에 퍼졌어요.

다니엘은 이 소식을 듣고도 매일 세 번씩 하나님께 기도했어요. 그냥 기도만 한 것이 아니라, 하나님께 감사했어요. (*기도하는 다니엘 그림/사진을 보여준다) 다니엘은 힘든 일이 있어도, 하나님만 섬기기로 마음에 결심했어요.

다니엘을 죽이려 했던 사람들은 다니엘이 하나님께 기도하는 모습을 보았습니다. 그리고 왕에게 가서 다니엘을 사자 굴에 던지라고 말했어요. 왕은 슬펐지만 법 때문에 어쩔 수 없었어요.

다니엘은 무서운 사자 굴 속에 던져졌어요. 사자 굴 속에는 많은 사자가 있었어요. (*사자 굴 그림/사진을 보여준다)

사자들이 다니엘을 잡아먹으려고 했어요. 그런데 그때, stop! 하나님께서 천사를 보내어 사자의 입을 막았어요.

다음날이 되었습니다. 왕과 많은 사람이 사자 굴에 가보니 어떻게 되었을까요? 다니엘이 살아있는 거예요. (*다 함께 하나님께 박수!) 친구들, 하나님은 어려운 일에도 기도하고 감사한 다니엘을 지켜주셨어요.

왕은 살아있는 다니엘을 보고 놀랐습니다. 그리고 다니엘이 미워해서 고소했던 사람들을 사자 굴에 넣으라고 명령했어요.

"여러분! 우리 모두 다니엘이 믿는 높으신 하나님을 믿읍시다. 사자 굴 속에서도 다니엘을 지켜주시는 능력이 많으신 하나님이십니다. 그리고 저는 하나님만 섬기는 다니엘을 높은 자리에 앉게 하겠습니다."

3. 마음을 다지며 삶 속으로

친구들, 기도하고 감사하는 다니엘은 하나님이 지켜주시고 높은 자리에 앉게 되었어요.

다니엘처럼 힘든 일이 있어도, 걱정되는 일이 있어도 하나님만 섬기는 친구들, 기도하는 친구들, 감사하는 친구들이 되기를 간절히 바래요.

친구들은 감사하는 사람인가요? 불평하는 사람인가요?

다니엘은 어려움이 닥쳐와도 감사했습니다. 다니엘은 감사하는 사람에게 주시는 하나님의 축복을 알았습니다.

감사는 축복의 통로입니다. 하나님은 감사하는 어린이를 기억하시고 함께하십니다.

감사하는 사람을 찾으시는 하나님, 좋은 일에 감사하고, 어려운 일에도 기도하고 감사할 수 있는 믿음을 주세요. 예수님의 이름으로 기도합니다. 아멘.

S·E·R·M·O·N·02

졸업(진급) 예배

: 출발! 믿음의 달리기

- ▶ 설교 제목 : 출발! 믿음의 달리기
- ▶ 성경 본문 : 디모데후서 4:5-8
- ▶ 핵심 말씀 : 디모데후서 4:7
  나는 선한 싸움을 싸우고 나의 달려갈 길을 마치고 믿음을 지켰으니
- ▶ 참고 말씀 : 빌립보서 3:14
  푯대를 향하여 그리스도 예수 안에서 하나님이 위에서 부르신 부름의 상을 위하여 달려가노라
- ▶ 설교 키워드 : 졸업(진급), 경주, 믿음
- ▶ 설교 목표 : 한 해를 돌아보면서 하나님의 은혜에 감사하고, 진급해서도 믿음의 달리기를 계속 잘하도록 한다.

1. 마음의 문을 열며

친구들, 1년 동안 교회에서, 학교에서, 집에서 모두 수고했어요. 오늘은 올해 마지막 주일입니다. 목사님을 따라서 말합니다. "하나님의 은혜에 감사합니다."

몸이 튼튼한 어린이가 있어요. 이렇게 말합니다.

"여러분! 저는 매일 아침 운동을 해서 이렇게 건강합니다. 잘 먹고 잘 자고 잘 놀고. 하하하. 제가 잘해서 이렇게 되었어요."

친구가 많은 어린이가 있어요. 이렇게 말합니다.

"지영이, 수진이, 민철이, 희람이, 혜은이… 모두 저랑 친한 친구들 이름입니다. 제가 친구가 많은 건 당연해요. 제가 착하고 운동도 잘하거든요."

공부를 잘하는 어린이가 있어요. 이렇게 말합니다.

"저는 공부가 제일 쉬워요. 제가 공부를 잘하는 이유를 아세요? 제가 남들보다 머리가 좋으니까요."

친구들, 몸이 튼튼한 어린이, 친구가 많은 어린이, 공부 잘하는 어린이는 공통점이 무엇일까요? '내가 잘해서' 라는 마음을 갖고 있어요. 하나님은 어떻게 생각하실까요?

성경 속으로 다 함께 Go! Go! (*다 함께 외친다)

2. 성경 속으로

1년 동안 돌아보면서 내가 잘해서 이렇게 되었다고만 생각하면 안 돼요. 목사님을 따라서 말합니다.

"하나님의 은혜입니다. 하나님 감사합니다."

친구들. 이것은 무엇을 하는 그림인가요? (*마라톤 그림/사진을 보여준다)

마라톤 경기입니다. 마라톤은 달리기 선수가 42.195km를 쉬지 않고 달려야 하는 경기에요.

올해 마지막 주일학교 예배를 드리면서, 우리는 믿음의 달리기 선수를 만나보려고 해요.

성경에서 만나는 믿음의 달리기 선수는 누구일까요? 사도 바울입니다.

디모데후서 4장 7절 말씀을 다 같이 읽어요.

"나는 선한 싸움을 싸우고 나의 달려갈 길을 마치고 믿음을 지 켰으니."

바울은 선한 싸움을 싸웠고, 믿음의 달리기를 잘 마쳤다고 고백합니다.

우리 친구들도 유년부에서 1년 동안 믿음의 마라톤을 잘 달렸어요. 1학년은 이제 2학년이 되고, 2학년은 3학년이 되어요.

바울은 처음에는 믿음의 달리기를 한 사람이 아니었어요. 예수님을 믿는 사람을 싫어했어요. 예수님을 만나기 전의 바울의 원래 이름은 '사울' 입니다.

"우리 동네에는 예수님 믿고 교회에 다니는 어린이들이 없지?"

사울은 예수님을 믿는 사람을 잡아 괴롭히는 일을 했어요. "어디 보자, 오늘은 다메섹 마을로 가서 예수님 믿고 교회에 다니는 사람을 잡아야겠네."

사울은 다메섹으로 가고 있었어요. 그런데 갑자기 밝은 빛이 비치고 소리가 들렸어요. (*예수님 그림/사진을 보여준다) "사울아! 사울아!"

예수님이 사울을 찾아오셨습니다. 사울은 예수님을 만나게 되었어요. 그리고 예수님을 가장 좋아하는 사람으로 변화되었어요. 이름이 사울에서, '바울' 로 바뀌었어요.

친구들, 예수님을 제일 사랑하게 된 바울은 믿음의 달리기를 잘 달렸어요. 그리고 예수님을 사람들에게 전하다가 어려운 일도 겪게 되었어요.

하지만 힘든 일이 있어도 예수님을 잊지 않았어요.

바울은 착한 싸움을 싸웠어요. 마귀가 주는 미움, 시기, 질투, 게으름, 거짓말에 대해서 싸워서 이겼어요.

우리 친구들은 1년 동안 착한 싸움을 잘했나요? (*다 함께 '아멘'!)

친구들, 마라톤 경기에서 승리하면 상이 있어요. 이 당시에는 머리에 좋은 월계관을 씌어주어요. (*월계관 그림/사진을 보여준다)

월계관은 나뭇잎으로 만든 것인데 시간이 지나면 시들시들해져서 버려지게 되어요. 하지만 믿음의 달리기를 잘 달린 친구들에게, 하나님은 시들지 않는 영원하고 멋진 금 면류관을 주세요.

믿음의 달리기를 잘하는 친구들에게 하나님은 칭찬해주셔요.

뒤를 돌아보지 말고, 푯대를 향하여 달려가는 믿음의 친구들이 되세요. 예수님도 하나님이 주신 사명을 위해 끝까지 달려가셨어요.

3. 마음을 다지며 삶 속으로

오늘은 1년의 마지막 주일이에요.

친구들은 부모님과 선생님과 함께 믿음의 달리기를 잘 달려왔나요? 정말 수고했어요.

목사님을 따라서 말합니다.

첫째, "하나님의 은혜에 감사합니다."

둘째, "끝까지 믿음의 경주를 잘 달릴래요."

다 함께 기도해요

여기까지 인도하신 하나님, 올해도 함께 해주셔서 감사합니다. 졸업하고 진급해도 믿음의 달리기를 잘하도록 도와주세요. 예수님이 이름으로 기도합니다. 아멘.

| 참고 도서 |

- 「꿈틀거리는 어린이 설교」, 이돈하, 도서출판 선교횃불, 2008.
- 「부모와 함께하는 하나님 알아가기」, 존 트렌트 외, 미션월드 라이브러리, 2004.
- 「빨려드는 어린이 설교」, 베스 에딩턴 휴잇, 도서출판 좋은씨앗, 2008.
- 「설교에 맛을 더하는 예화 사용법」(개정판), 김정훈, 도서출판 브니엘, 2024.
- 「어린이 설교 클리닉」, 양승헌, 도서출판 디모데, 2001.